KNAUR

*Über den Autor:*
Werner Tiki Küstenmacher, geboren 1953, ist evangelischer Pfarrer und Journalist. Seit 1990 begeistert er sein Publikum als Autor, Cartoonist, Kolumnist und Redner. Er hat mehr als 100 Bücher veröffentlicht, darunter den Weltbestseller *simplify your life*.

Werner Tiki Küstenmacher

# Die neue 3-Minuten-Bibel

KNAUR

**Besuchen Sie uns im Internet:**
**www.knaur.de**

FSC
www.fsc.org
MIX
Papier aus verantwortungsvollen Quellen
FSC® C004229

Vollständige Taschenbuchausgabe November 2015
Knaur Taschenbuch

Ein Imprint der Verlagsgruppe
Droemer Knaur GmbH & Co. KG, München

Covergestaltung: ZERO Werbeagentur, München
Coverabbildung: Werner Tiki Küstenmacher
Alle Illustrationen von Werner Tiki Küstenmacher
Druck und Bindung: Uhl, Radolfzell
ISBN 978-3-426-78790-8

2 4 5 3 1

# Ein nicht einmal 3 Minuten langes Vorwort

Ein perfekt gekochtes Ei mit pflaumenweichem Dotter muss etwa 3 Minuten kochen. Die eindrucksvollsten Geschichten der Bibel sind, wenn man sie laut vorliest, fast alle unter 3 Minuten lang. Viele Menschen lieben einen Film wegen einer höchstens 3 Minuten langen Szene. Die großen Hits der Musikgeschichte dauerten selten länger als 3 Minuten. Sind Zuhörer nach einem Vortrag begeistert, waren es in der Regel einige wenige 3-Minuten-Abschnitte, in denen sie einen Aha-Effekt hatten. Auch in einer langen Predigt dauern die Aha-Momente in der Regel 3 Minuten.

Das hier vorliegende Buch nutzt diese Erkenntnisse und bietet Ihnen die Gedanken praktischerweise gleich in 3-Minuten-Stücken. Also bestens geeignet für den Nachttisch: Ein 3-Minuten-Kapitel ist ideal als guter Gedanke vor dem Einschlafen. Oder zum Lesen in einem öffentlichen Verkehrsmittel, wo ein Teil unserer Aufmerksamkeit darauf gerichtet ist, an der richtigen Haltestelle auszusteigen. Wenn man weiß, das Kapitel dauert nur 3 Minuten, traut man sich, mit dem Lesen anzufangen.

Die wesentlichen Informationen in einem Telefongespräch werden innerhalb der ersten 3 Minuten übertragen, und da sind dann sogar schon mindestens 90 Sekunden Small Talk enthalten, die ausschließlich der sozialen Bindung dienen.

Wenn Sie jemanden von einer neuen Idee überzeugen oder ihn mit einer neuen Erkenntnis zum Staunen bringen möchten, sollten Sie Ihre Gedanken so aufbereiten, dass sie sich in 3 Minuten übertragen lassen. Das ist die typische Aufmerksamkeitsspanne, die wir für Unbekanntes gerade noch aufbringen.
Ein Vorwort sollte keinesfalls länger als 3 Minuten dauern. Da ist es besser, schnell aufzuhören und Ihnen viele erfreuliche und erstaunliche 3-Minuten-Genüsse zu wünschen.

*Ihr Werner Tiki Küstenmacher*

Im Anfang schuf Gott
Himmel und Erde.

Genesis 1,1

## Gott ist der Schöpfer von allem.

## Nein, das schränkt ihn zu sehr ein!

Manchmal gibt es Streit zwischen dem Glauben an den Schöpfergott und der Wissenschaft. Ein unnötiger Streit, denn beide, Glaube und Wissenschaft, verändern sich derzeit rasant, und zwar in die gleiche Richtung: Ständig erweitert sich der Blick. 1907, vor gerade mal gut 100 Jahren, waren die Astronomen überzeugt, dass die uns nächste Galaxie, der Andromedanebel, etwa 20 Lichtjahre entfernt sei. 1952 ergaben Berechnungen, dass die Entfernung 40 000-mal größer sei: 800 000 Jahre sei das Licht von dort bis zu uns unterwegs. Inzwischen hat man die Zahl noch einmal verdreifachen müssen und glaubt an eine Entfernung von 2,25 Millionen Lichtjahren.

Ähnliches gilt für das Alter unserer Erde. Als die Gelehrten in Mesopotamien versuchten, es zu berechnen, kamen sie auf gut 6 000 Jahre, damals eine enorme Zeitspanne. Als das Volk Israel in Sklaverei und Gefangenschaft in Babylon leben musste, übernahm es die Berechnungen der dortigen Gelehrten. Doch auch in der Neuzeit mussten Naturwissenschaftler das Alter der Erde, die Entstehung des Lebens und des Menschen fortwährend nach oben korrigieren. Aktuell sind wir bei 3 Milliarden Jahren für die Entstehung des Planeten Erde und bei bis zu 2 Millionen Jahren für das erste Auftauchen anatomisch vollentwickelter moderner Menschen. Wie immer glauben Fachleute, damit die endgültigen Erkenntnisse gefunden zu haben, aber wer kann da sicher sein?

Hier haben Naturwissenschaftler und Theologen das gleiche Problem: Immer meinen sie, schon viel über ihren Forschungsgegenstand zu wissen, und dann müssen sie sich immer wieder eingestehen, dass sie doch erst einen Bruchteil davon erfasst haben. Für mich sind die endlosen Weiten direkt über meinem Kopf ein wichtiger Weg zu Gott und zu mir selbst. Ich kann mich nicht denken ohne die 15 Milliarden Jahre alte Geschichte des Kosmos. In einem weniger alten oder weniger komplexen Weltall hätte es mich nicht gegeben. Ich und das All gehören zusammen. Wie dort Gott tätig war und wo es nur Naturgesetze waren oder Zufälle, ist mir dabei immer weniger wichtig. Die Vorstellung vom »Schöpfer« stammt aus einer einfachen, bäuerlich und handwerklich orientierten Gesellschaft.

Heute aber sind wir umgeben von viel komplexeren Prozessen. An großen Softwareprojekten arbeiten Tausende Menschen, an kaum einer Stelle mehr sind die Urheber erkennbar. Moderne Staaten, multinationale Konzerne oder gar das globale Finanzwesen sind diffizile Abläufe, gesteuert von Menschen und Gesetzen, von automatischen Computerprogrammen und vielen gleichzeitig eingreifenden Gruppen. Manche hoffen – oder fürchten –, hinter allem gebe es noch einen großen, mächtigen Steuermann. Aber das ist wohl nirgends mehr der Fall. Mit solchen modernen Vergleichen sind wir der hochkomplizierten, sich über riesige Zeiträume erstreckenden Entstehung der Welt wohl viel näher als mit der ehrwürdigen alten Vorstellung, das alles habe sich einer einmal ausgedacht und dann gemacht. »Schöpfung« klingt mir angemessener als »Schöpfer«.

Da sprach Gott: »Es werde Licht!«
Und es ward Licht. Gott sah,
dass das Licht gut war.
Da trennte Gott Licht von Finsternis.
Gott nannte das Licht Tag,
die Finsternis aber Nacht.
Es ward Abend,
und es ward Morgen:
ein Tag.

Genesis 1, 3–5

## Die Erschaffung der Welt geschah vor langer, langer Zeit.

## Stimmt nicht!

Wenn der Schlaf der kleine Bruder des Todes ist (wie Luther sagt), dann ist das Erwachen die kleine Schwester der Auferstehung. Dann ist das eigentlich große Gleichnis Gottes in unserem Leben dieser Moment am Morgen, wenn wir wieder zu uns kommen. Den Moment, den Sie auch heute Morgen wieder erlebt haben. »Wenn du beim Morgengrauen verdrießlich aufwachst«, riet der römische Kaiser und Philosoph Marc Aurel, »dann denk daran: Ich stehe auf zur Arbeit eines Menschen. Wie sollte ich da schlechter Laune sein, wo ich mich doch anschicke, das zu tun, wozu ich da bin und wozu ich auf die Welt gekommen bin?«

Ja, ich bin überzeugt: Das Aufwachen am Morgen ist ein Moment besonderer Gnade. Jeder Morgen ist noch einmal der Morgen aller Dinge. Jeden Morgen kann man auf die echte Lebendigkeit des Herzens stoßen. Das Wunder des Lebens, des Handelns, des Vollbringens und Gestaltens, all das, wofür wir geschaffen wurden, das ist in diesem Augenblick besonders gut zu spüren, an dieser Schwelle von der liebevollen nächtlichen Umarmung Gottes zur hellen Kraft des Tages.

Der Arzt und Psychiater Gerald May erzählt, wie er eine junge Frau einmal nach ihren tiefsten Wünschen fragte. Sie antwortete: »Ich möchte ein schönes Zuhause, eine glückliche Familie und das Gefühl, gebraucht zu werden.« Dann bat er sie, sich in Ruhe hinzusetzen und nicht in die

Zukunft zu sehen, sondern sich den Sehnsüchten zu öffnen, die sie in diesem Moment spüren konnte. Nach einer Weile begann sie zu weinen und sagte: »Das, was ich wirklich empfinde, ist, dass die Dinge zurzeit wirklich in Ordnung sind. Mehr als nur in Ordnung. Ich glaube, ich will nicht mehr, als ich im Augenblick habe. Ich fühle Dankbarkeit.«
Die helle Kraft des Tages spüren. Das ist das Erwachen, das sich in den Momenten echter Kontemplation erleben lässt. All die Wünsche, die wir durch den vergleichenden Blick auf andere erlernt haben und die unser Herz überdecken – sie schieben sich fort wie die Bettdecke nach dem Aufstehen. Erwachen, das ist: das Leben lieben ohne Beschreibung, ohne Einschränkung und ohne Grund. Was wir suchen, wofür wir leben und kämpfen, liegt nicht in weiter Ferne, sondern es ist schon da. Jeden Morgen erwacht es mit uns und hält uns am Leben. Es will nur, dass wir auch im Herzen erwachen und es ergreifen und ja dazu sagen. Das Wort »ja« heißt in der Bibel: amen.

Nach geraumer Zeit begab es sich aber,
dass Kain von den Früchten des Bodens
dem Herrn ein Opfer darbrachte.
Aber auch Abel opferte von den
Erstlingen seiner Herde und ihrem Fett.
Der Herr blickte auf Abel
und seine Opfergabe,
aber auf Kain und sein Opfer sah er nicht.

Genesis 4, 3–5

# Gott will unser Opfer.

## *Nein, nein, nein!*

Was tun wir, wenn wir nichts mehr tun können? Wenn ein Mensch krank wird und die Ärzte ihn aufgeben? Wenn wir hilflos zusehen müssen, wie eine Liebe aufhört? Es gibt eine uralte Antwort darauf: Wir opfern. Und zwar uns selbst. Wenigstens ein bisschen von uns, ein Stück von unserem Glück. Oder auch mehr. »Wenn Mama wieder gesund wird, dann will ich immer ganz brav sein.«

Diese Opferbereitschaft gibt es in Klein und in Groß. Menschen geben etwas ab von ihrem Besitz, sie geben etwas von ihrer Zeit, von ihrer Freude, von ihrer Gesundheit bis hin zu ihrem Leben. So haben es schon Kain und Abel gehalten. Da wird das Uropfer verbunden mit der Urkatastrophe. Es ist eine dunkle, undurchsichtige Geschichte. Warum sah Gott den einen gnädig an, den anderen nicht? Gott bleibt im Dunkel. Wahrscheinlich war es so, dass sich im Verlauf des Jahres Abels Tiere vermehrten, Kain aber eine schlechte Ernte hatte. Am sichtbaren Segen glaubten die Menschen ablesen zu können, ob Gott das Opfer annahm oder nicht.

Das Opfer verändert Gott nicht. Ob da ein Ochse gebraten wird oder Getreidekörner in einer Feuerpfanne verbrennen – Gott ist das egal. Er braucht es nicht. Ja, manchmal ärgert es ihn sogar. Gott will das Opfer nicht. Weder das von Kain noch das von Abel. Da ist der Prophet Amos. Er steht im Tempel, in Sichtweite des riesigen gehörnten Brandopferaltars aus Akazienholz. Und er ruft:

»So spricht der Herr: Ich mag eure fetten Dankopfer nicht ansehen!«. Oder Jesaja: »Das Wort des Herrn: Ich habe eure Brandopfer satt! Ich habe kein Gefallen am Blut der Stiere, Lämmer und Böcke! Euer Räucherwerk ist mir ein Greuel!« Ein anderer Prophet bringt es noch stärker auf den Punkt: »Ich habe Lust an der Liebe und nicht am Opfer.« So lässt Gott durch Hosea ausrichten, und ich verstehe das so: Verabschiedet euch endlich von dem Gedanken, dass ich etwas davon hätte, wenn ihr ein Opfer bringt! Wenn überhaupt jemand etwas von eurem Opfer hat, dann der Opfernde. Und nicht die Person oder die Idee, der ihr das Opfer darbringt.

»Ich habe Lust an der Liebe und nicht am Opfer«, heißt es bei Hosea, und ich übersetze das so: Gebt nicht, sondern nehmt. Lasst euch beschenken von der Liebe, die in eurem Opferwillen steckt. Seht das gute Herz, euer eigenes und das gute Herz des anderen, für den ihr euch opfern wollt. Leidet nicht, sondern handelt.

Der Herr sprach zu Abram:
Zieh hinaus aus deiner Heimat,
aus deiner Verwandtschaft und
deinem Vaterhaus in ein Land,
das ich dir zeigen werde! Ich will dich
zu einem großen Volk machen
und dich segnen und deinen Ruhm erhöhen.
Sei du ein Segen! Segnen will ich,
die dich segnen, und wer dich verflucht,
dem will auch ich fluchen.

Genesis 12, 1–3

Gott ist auf Seiten der Erfolglosen.

# Gefährlich falsch!

Erfolg ist keiner der Namen Gottes. Dieser Satz von Martin Buber wird in kirchlichen Kreisen gern zitiert. Jesus sei auf der Seite der Armen, bei den Mutlosen und den Menschen am Rande der Gesellschaft. Kurzum: auf der Seite der Erfolglosen. Das klingt einleuchtend. Gefährlich einleuchtend. Es ist eine Halbwahrheit, und Halbwahrheiten sind bekanntlich am gefährlichsten. Denn Gott ist bestimmt nicht nur auf der Seite der Erfolglosen. Er selbst ist ein ausgesprochen erfolgreicher Schöpfer, die Entwicklung des Lebens und der Reichtum seiner Natur, das ist eine fortwährende Erfolgsstory.
In der Bibel kommt der Begriff »Erfolg« nicht vor, die Sache aber sehr wohl. Das Wort »Erfolg« kommt von »folgen«, hinterhergehen, im räumlichen und im zeitlichen Sinn. Erfolg bedeutet, am Ende eines Weges das Ziel zu erreichen. Das heißt auch: Wer kein Ziel hat, kann auch keinen Erfolg haben.
Die Geschichte des Volkes Israel handelt von fast nichts anderem als von Ziel, Erfolg und Misserfolg. Es beginnt damit, dass Abram von Gott angesprochen wird. Der zieht los, auf dem von Gott gewiesenen Weg, und in meiner Bibel folgen 450 engbeschriebene Seiten, in denen es immer um dieses eine Ziel geht: das verheißene Land zu erreichen, durch Hunderte Niederlagen und Hunderte Siege hindurch, Hunderte Misserfolge und Hunderte Erfolge.
Es bleibt bis zum Ende unklar, ob es nun eine Erfolgsstory war oder nicht. Für mich ist gerade das eine der

großartigen Botschaften des Alten Testaments: Der Weg geht weiter. Das Ziel ist groß. Es liegt nicht um die nächste Ecke. Es bleibt lebendig und spannend. Gott schreibt seine Geschichte mit uns immer weiter. Diese Geschichte endet nicht mit einem Punkt (nach dem Motto »jetzt ist alles gesagt«), sondern mit einem Doppelpunkt: Unser Leben ist nur ein Teilbereich von etwas Größerem.
Der große Horizont heißt »Segen«. Es ist wunderbar zu spüren, wenn auf einer Sache Segen ruht. Ist Segen vielleicht das biblische Wort für Erfolg?

Da stellte Gott Abraham auf die Probe und sprach zu ihm: »Nimm Isaak, deinen einzigen Sohn, den du lieb hast, und opfere ihn zum Brandopfer.«
…
Isaak sprach: »Hier ist Feuer und Holz; wo ist aber das Schaf zum Brandopfer?«
Abraham antwortete: »Mein Sohn, Gott wird sich ein Schaf zum Brandopfer auswählen.«
Und die beiden gingen miteinander weiter.
Als sie an den Ort kamen, den ihm Gott genannt hatte, baute Abraham einen Altar, schichtete das Holz auf, fesselte seinen Sohn Isaak und legte ihn auf den Altar, oben auf das Holz.
Schon streckte Abraham seine Hand aus und nahm das Messer, um seinen Sohn zu schlachten.
Da rief ihm der Engel des Herrn vom Himmel her zu: »Abraham! Abraham!«
Er antwortete: »Hier bin ich.«
Der Engel sprach: »Streck deine Hand nicht gegen den Knaben aus, und tu ihm nichts zuleide!«

Genesis 22, 1–12

## Die Opferung Isaaks markiert den Übergang vom Menschen- zum Tieropfer.

## Nein, viel besser!

Es gibt eine religionsgeschichtliche Erklärung zu dieser Beinaheopferung Isaaks. Sie besagt, dass mit dieser Erzählung der Übergang beschrieben wird von den archaischen Menschenopfern zu den weniger grausigen Tieropfern des jüdischen Glaubens. Aber diese Erklärung ist nicht besonders einleuchtend. Warum fragt Isaak seinen Vater nach dem fehlenden Opfertier? Das Menschenopfer war offenbar längst schon durch ein Tieropfer ersetzt worden.

Isaak muss außerdem mindestens 15 Jahre alt gewesen sein. Dem greisen Abraham wäre es nicht gelungen, einen starken jungen Mann zu fesseln, wenn dieser es nicht zugelassen hätte. Damit wird es noch rätselhafter: Warum sollte Isaak *freiwillig* bei seinem eigenen Tod mitgemacht haben?

Die Lösung heißt: Abraham und Isaak gehen auf den Berg, um einen heiligen Ritus zu vollziehen, der *im Stil* eines Menschenopfers abläuft. Es ist ein Einweihungsritus für junge Männer, bei denen die Väter ihre Söhne »opfern« und somit freigeben. Darum konnte Abraham auch ganz zuversichtlich zu seinen Knechten sagen, dass er mit seinem Sohn zurückkommen würde.

Ein Ritual ist mehr als nur ein heiliges Theater. Es ist heiliger Ernst. Der Vater hat ein richtiges Messer und einen

Scheiterhaufen mit richtigem Feuer. Für den Vater ist es eine Erfahrung am Rande des Mordes, für den Sohn eine am Rand des Todes. Für beide geht es um Vertrauen. Die Fesselung spielt bei diesem Ritual eine herausragende Rolle.

Wir sagen dazu heute »Verstrickung«: Wie oft werden Kindern Lasten aufgelegt, die sie ihr Leben lang eigentlich nicht tragen können, weil es die Lasten ihrer Vorfahren sind. »Geschlagen ziehen wir nach Haus', unsre Kinder fechten's besser aus«, hieß es im Mittelalter, und recht ähnlich klingt es in vielen Elternherzen heute noch. Aber das ist ein schlimmes Lied. Nein, unsere Kinder haben ein Recht auf ihre *eigenen* Kämpfe. Sie müssen nicht *unsere* unsinnigen Feindschaften fortführen und unsere Wut erben. Sie müssen auch nicht unsere Träume verwirklichen oder es einmal besser machen als wir.

Wenn sich Eltern das so vorstellen, maßen sie sich göttliche Macht an. Der totale Anspruch der Eltern auf das Kind darf und muss geopfert werden. Besser dieser falsche Anspruch als das Leben des Kindes selbst. Das Symbol dafür in der Isaaksgeschichte ist der von Gott gesandte Widder, der sich im Gestrüpp verfangen hat: Ein Bild dafür, wohin man sich als Vater oder Mutter vielleicht verrannt hat. Das können wir getrost opfern und aufgeben. Manchen Eltern kommt das Freilassen ihres Kindes vor wie ein Sterben. Aber nur so kann sich der einzigartige Plan Gottes für ihr Kind verwirklichen. Nur so kann es sich ganz dem Leben stellen und der Liebe, die darin wohnt. Das ist das größte Geschenk, das wir einem Kind geben können.

Der Engel des Herrn erschien ihm
in einer Feuerflamme,
mitten aus einem Dornbusch heraus.
Er schaute, und siehe da,
der Dornbusch brannte zwar im Feuer,
wurde aber dabei nicht verzehrt.
Da rief Gott mitten aus dem Dornbusch
und sprach: »Mose! Mose!«
Da antwortete er: »Hier bin ich!«
Und Gott sprach: »Tritt nicht näher heran!
Ziehe deine Schuhe von den Füßen;
denn der Ort, auf dem du stehst,
ist heiliger Boden!«

Exodus 3, 2–5

# Man kann doch nicht einfach so drauflosbeten.

## Doch, man kann!

Im Gebet werden wir herausgeführt aus unseren Grenzen. Wo eben noch grauer Alltag, Langeweile, Überdruss oder Ausweglosigkeit waren, stürzen auf geheimnisvolle Weise scheinbar unüberwindliche Mauern ein. Ich sehe eine hoffnungslose Situation aus einer neuen Perspektive – aus der Dimension Gottes. Er selbst überwindet die Distanz. Wer mit offenem Herzen vor ihm steht, wird wie Mose dorthin geführt, wo das Feuer ist. Das Gebet bietet die Möglichkeit, die Wirklichkeit Gottes nicht nur zu sehen, sondern selbst ein Teil dieser Wirklichkeit zu werden. Die Kraft nicht nur zu spüren, sondern sich mit ihr zu verbünden. Das Gebet führt vom Anschauen zum Begegnen, vom Begegnen zum Fragen, und es führt über die Frage hinaus. Es ereignet sich Verstehen – Einklang mit der unendlichen, göttlichen Tiefe der Wirklichkeit.

Am Ende führt dieses Verstehen zur Anbetung. Staunen vor der Größe und der Kraft Gottes. Ein Gebetssatz, der es einem leichter macht, diese Haltung zu erreichen, ist die kurze Antwort des Mose: »Hier bin ich!« Mit diesem Satz konzentriert sich der Betende auf die Gegenwart, Schuld und Scham aus der Vergangenheit sind ebenso vergessen wie die Ängste und Sorgen über die Zukunft. Ich bin da. Sonst ist nichts. Ich höre, was du sagst. Sende mir jetzt deinen Geist.

»Ziehe deine Schuhe von den Füßen«, hat Gott gesagt.

Ich höre ihn damit sagen: Lass den Dreck und den Staub der Straße draußen, leg deine unnützen und breitgetretenen Gedanken ab. Komm etwas nackter als sonst, etwas verletzlicher und gefühlvoller. Du brauchst hier nicht mehr zu rennen und zu treten. Lass dich nieder, hier wirst du beschenkt. Die Mauern werden fallen. Der Weg wird frei. Die Zukunft wird weit und hell. Die Stätte, auf der du stehst, ist heilig.

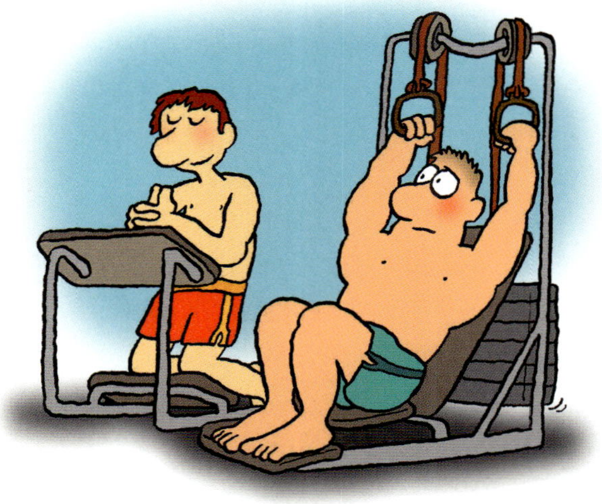

Beim Beten begegnen wir einer alles übersteigenden Kraft. Wir betreten den Bereich Gottes, der durch Schönheit und Stille führt, durch Macht und Herrlichkeit, durch Zeitlosigkeit und Ewigkeit, von der Enge zum weiten Blick, vom weiten Blick zum Staunen, vom Staunen zur Ekstase. Dort, außerhalb von uns selbst, kann uns das passieren, was der Dichter Jesse Thoor einmal beschrieben hat: »Du läuterst meine Wünsche, du änderst meine Gedanken.«

Mose sprach zu Gott: Wenn ich nun zu
den Israeliten komme und zu ihnen sage:
»Der Gott eurer Vorfahren hat mich zu
euch geschickt«, und sie mich fragen:
»Wie ist sein Name?«, was soll ich ihnen sagen?
Gott antwortete: »Ich bin, der ich bin«,
und sprach: »Sag zum Volk Israel:
Der Ich-bin hat mich zu euch geschickt.«

Exodus 3, 13–14

# Gottes Namen darf man nicht aussprechen.

## Manchmal schon!

Ich finde es bemerkenswert, dass Gott in der Bibel mehrere Namen hat. Meistens heißt er Jahwe, dieses geheimnisvolle »Ich bin, der ich bin« oder »Ich werde sein, der ich sein werde«. Ein Wort für den Unaussprechlichen, ein Name für den, der über allen Namen ist. Deshalb darf schon das Wort selbst nicht ausgesprochen werden. Wenn ein Jude die heiligen vier Buchstaben JHWH liest, sagt er ehrfürchtig »adonai«, das bedeutet »Herr«.

Diese Ehrfurcht hat mich immer fasziniert. Gott, das Woher unseres Lebens und Denkens, darf und soll verhüllt bleiben. Es ist eine alte menschliche Erfahrung: Indem wir etwas beim Namen nennen, machen wir es uns untertan. So gesehen ist »Gott« oft ein ziemlich derbes Wort. Es tut so, als hätten wir damit etwas bestimmt und festgelegt: Das ist Gott, das nicht. Hier ist Gott, hier nicht. So und so ist Gott, so nicht. Da wäre Schweigen besser. Das Wort *nicht* sagen, stattdessen höchstens ein anderes aussprechen. Denn »Gott« ist die Kraft, die uns »Gott« überhaupt erst denken und sagen lässt. »Gott« ist ein Zirkelschluss, ein Rätselwort, ein Koan wie die berühmten Rätselfragen zwischen Meister und Schüler im Zen.

Der Gottesname im ersten Satz der Bibel »Im Anfang schuf Gott Himmel und Erde« ist dagegen nicht der unaussprechliche »Ich-bin-der-ich-bin«, sondern »Elohim«. Den darf man lesen und laut sagen, wie er dasteht.

»Elohim« ist die Mehrzahlform von »Eloah«, einem der meistverwendeten Gottesnamen in den an Israel angrenzenden Ländern. Der Elohim, der Himmel und Erde und damit alles erschafft, wird bezeichnet mit der Gesamtheit der Götter, die von all den Völkern um das Volk Israel herum verehrt wurden. Zu ihnen gehört auch der einzige geliebte Jahwe. Bei der Frage nach dem Beginn von allem weitet sich ganz offensichtlich der Blick.

Einen ähnlichen Umweg, über die Mehrzahl den einzigen, aber unaussprechlichen Gott doch zu benennen, geht der Islam über die »99 Namen Allahs«. Kurioserweise gibt es so viele verschiedene Namenslisten, dass man auf weit über 99 Namen kommt. Aber die Zahl soll nur zeigen: Es sind mehr, als wir uns merken können, und der hundertste, der die Anzahl rund machen würde, ist unbekannt.

Letzten Endes ist das eine wie das andere – das Rätselwort Ich-bin-der-ich-bin ebenso wie die Zahl der Namen Gottes – eine Geschichte. Und der Versuch, das Undenkbare zu denken, das Unbeschreibliche zu erzählen, das Unsichtbare zu sehen. Mit vielen Worten will diese Geschichte erklären, dass das Geheimnis unerklärbar bleibt.

Höre, Israel, der Herr, unser Gott,
ist der Herr allein.
Und du sollst den Herrn, deinen Gott
lieben von ganzem Herzen,
von ganzer Seele, von ganzem Gemüt
und mit allen deinen Kräften.

Deuteronomium 6, 4–5

# Die Kirche ist in der Krise, weil sie so altmodisch ist.

## Quatsch!

Mir wird immer klarer, was der wahre Grund ist für die Müdigkeit in unserer Kirche. Es liegt nicht an den falschen Managementmethoden, es liegt nicht an der Kirchensteuer oder der Konkurrenz der Medien. Der Grund ist die mangelnde Erfahrung der Liebe Gottes. Die ist durch nichts zu ersetzen.

Gottesliebe, die lernt man nicht im Konfirmandenunterricht und nicht im Theologiestudium. Gottesliebe lernt man vielleicht nachts unter dem Sternenhimmel, wenn man die Unendlichkeit des Universums ahnt und den Schöpfer, der das gemacht hat. Gottesliebe lernt man vielleicht, wenn man sich seine eigene Hand ansieht und sie bewegt und über dieses Wunderwerk staunt und plötzlich ganz begeistert ist über die Kraft, die das geschaffen hat. Gottesliebe lernt man vielleicht, wenn man ein Musikstück hört und es Resonanz hervorruft in einem selbst und man fasziniert ist von den vielschichtigen Klängen und den anrührenden Melodien und man die Verbindung ahnt zwischen den Schallwellen und dem Ohr und dem Gehirn und dem, der beides aufeinander hin konstruiert hat. Wie herrlich das ist, wie liebenswert, wie wunderschön und wie nah. Und wie stolz ich darauf sein kann, den Schöpfer von alldem zu kennen.

Unsere Seele will die Kirche jetzt voll haben und die wunderbare Gemeinschaft der Gemeinde Jesu jetzt erleben, nicht später oder im Himmel oder sonst wo. Die Liebe will jetzt den Kuss und die Umarmung, nicht später. Sie will, dass die Gemeinschaft passiert und bleibt und weiter wächst. Sie will Zukunft.

Das Reich Gottes ist nicht nur gegenwärtig und zukünftig, sondern es reicht auch zurück in das, was war. Es ist verbunden mit der Geschichte Gottes mit seinem Volk. Es ist verbunden mit dem Zug der Christen durch die Jahrhunderte. Es gibt Kirchen und Kathedralen in diesem Land, Kliniken und Kindergärten, Zeugnisse großer Gottesliebe und Zeugnisse großer Nächstenliebe. Wir müssen sie nicht neu erfinden.

Wir sind Teil des großen Pilgerstroms. Wir laufen am Schluss des Zuges, weil wir als Letzte kamen. Aber wir werden von den Pilgern der Vergangenheit bis nach vorne durchgereicht, und man klopft uns auf die Schultern und sagt uns: Geht ihr jetzt voran. Ihr habt die besseren Augen. Ihr habt die frischen Herzen. Führt uns weiter. Marschiert ihr jetzt an der Spitze. Unseren Segen habt ihr. Das ist die Versöhnung von Tradition und Erneuerung, von Restauration und Reformation. So sind wir Pilger der Tradition und gleichzeitig Pfadfinder in die Zukunft. Wir wären schlechte Führer, wenn wir uns bloß im Kreis bewegen und nicht Neuland erschließen würden.
Wir tragen dabei den Traum von einer neuen Zukunft Gottes mitten in uns. Und unter uns. Und er ist als künftige Herrlichkeit wachsend vor uns. Die Zukunft Gottes zu finden ist eine Entdeckung. Sie ist schon da, und sie wartet gespannt und unendlich geduldig darauf, dass wir sie finden.

Da rief der Herr den Samuel zum dritten Mal.
Er stand auf und ging zu Heli und sprach:
»Hier bin ich, du hast mich ja gerufen!«
Da ahnte Heli, dass der Herr den Knaben rief.
Heli sprach zu Samuel: »Gehe und
schlafe weiter! Und wenn er dich ruft,
antworte: Rede, Herr, dein Diener hört!«
Samuel ging hin und legte sich schlafen
an seinem Platz.

1. Samuel 3, 8–9

# Wachsein ist besser als Schlaf.

## Keineswegs immer!

Der Wechsel von Wachsein und Schlaf fasziniert mich bis heute. Als Kind wollte ich so gern das Einschlafen bewusst mitbekommen, wollte diese Schwelle zum Traumreich erleben. Aber das geht nicht, vom Wesen des Schlafs her ist es ausgeschlossen. Das Einschlafen ist, finde ich, ein gutes Symbol für den Glauben. Beides ist Fallenlassen, Vertrauen, Loslassen. »Letting go«, sagen die Amerikaner, »lass gehen«. Und wie beim Glauben oder Fallenlassen gibt es dabei einen besonderen Moment, kurz vor dem Einschlafen, in dem das Gehör außerordentlich empfindlich ist. Deswegen muss man sehr still sein, wenn Kinder einschlafen sollen. Wer in diesem Moment gestört wird, schreckt besonders hoch.

Der Schlaf selbst ist ein wunderbares Bild für Geborgenheit. Ein schlafendes Kind strahlt Ruhe aus. Wer es sieht, wird ganz von alleine ruhig, spricht im Flüsterton und wird erfüllt von einer stillen Freude. Man spürt: Wer schläft, hat Anteil an einem tiefen Geheimnis. Wer schläft, ist einer anderen Wirklichkeit näher als der Wirklichkeit, in der die Wachen leben. Wir gehören nicht nur dem Tag, der Vernunft, den rationalen Einsichten und Projektionen. Wir sind auch Kinder der Nacht, in der unsere Seele aufwacht und weithin ausschwingt: Capax infiniti, fähig, das Grenzenlose wahrzunehmen, sei die menschliche Seele, sagten die mittelalterlichen Philosophen.

Im Schlaf nimmt Gott Kontakt mit uns auf, zu ebenjenem Augenblick, an dem wir besonders empfindlich und aufnahmefähig sind. In der Bibel gibt es viele Geschichten, wie Gott im Traum den Menschen seine Anweisungen gibt, am schönsten vielleicht in der Geschichte von der Berufung des jungen Samuel. Wir hätten Gottes Begegnung vielleicht lieber am Tag, eindeutig und direkt und sichtbar, aber so ist Gott nicht. Er berührt uns sanft, in der Stille der Nacht. Aber die Prägung, die wir dort erfahren, ist viel stärker als die Prägung durch Einsichten des Tages. Was uns in die Träume fällt, fällt auf den Grund unserer Seele. Dort ist Friede, Geborgenheit, Stille – alles, was der Mensch braucht, um zu Gott und zu sich selbst zu kommen.

Elia kam in eine Höhle und blieb dort über Nacht. Der Herr sprach: Geh heraus und tritt hin auf den Berg vor den Herrn! Und siehe, der Herr wird vorübergehen. Und ein großer Wind, der die Berge zerriss und die Felsen zerbrach, kam vor dem Herrn her; der Herr aber war nicht im Wind. Und nach dem Wind kam ein Erdbeben; der Herr aber war nicht im Erdbeben. Und nach dem Wind kam ein Feuer; der Herr aber war nicht im Feuer. Und nach dem Feuer kam ein stilles, sanftes Sausen. Als das Elia hörte, verhüllte er sein Antlitz mit seinem Mantel und ging hinaus und trat in den Eingang der Höhle. Und siehe, da kam eine Stimme zu ihm und sprach: Was hast du hier zu tun, Elia?

1. Könige 19, 9–13

## Gott begegnet einem in der Stille.

## Nein, zu laut!

Und nach dem Feuer kam ein stilles, sanftes Sausen.« Die meisten Menschen sind überzeugt, dass danach der Satz käme: »Und Gott war in dem stillen, sanften Sausen.« Dieser Satz aber fehlt. Es wird nicht gesagt, wo Gott ist. Alle Aussagen über ihn bleiben negativ. Gott ist nicht im Wind, im Erdbeben und nicht im Feuer, wie man es von den Naturgöttern der Heiden glaubte. Aber ob er in dem sanften Sausen ist? Nein, auch dort nicht. Das sanfte Sausen ist lediglich das Signal, aus der Höhle der eigenen Vorstellungen zu treten und sich der wahren Begegnung zu stellen. Eine Begegnung, die sich jeder Beschreibung entzieht.

Wind, Erdbeben, Feuer und auch die sanfte Brise – sie sind wie jede Vorstellung über das Wesen Gottes lediglich Wischlappen für die Tafel unserer Seele, auf der Gott uns begegnen will. Gott ist nicht stürmisch, nicht bebend, nicht feurig, aber auch nicht sanft. Er ist jenseits aller Vorstellungen.

Aber Gott ist nicht jenseits aller Beziehungen. Gott will nicht allein sein, und er will nicht, dass der Mensch allein ist. Das ist eine Grundmelodie der Bibel: Gott schafft aus dem Nichts das Leben und die Geschöpfe. Gott ist Liebe. Gott wird der Mensch Jesus. Das ist anders als bei allen anderen Religionen: Gott verwandelt das Nichts durch die Liebe.

Dieses Nichts zu schaffen, alle eigenen Vorstellungen über Gott vollständig zu entfernen, das klingt viel einfacher, als es ist. Loslassen tut weh. Gott, der Vater, die Mutter, der Schöpfer … alles Beschreibungen auf der Tafel, die erst einmal gelöscht werden wollen. All die Vergleiche aus unserer kleinen menschlichen Vorstellungswelt müssen sich erst einmal zurückziehen und den Weg frei machen für den herrlichsten, Gott einzig angemessenen Raum: das Nichts. Wem das gelingt, der wird ein wunderbares tiefes, stilles Glück empfinden. Vor diesem Nichts braucht man dann keine Angst mehr zu haben. Denn dieses Nichts wird Gott mit seiner Gegenwart füllen.

Da hörten die drei Freunde Hiobs
von all dem Unglück,
das über ihn gekommen war.
Und sie kamen, ein jeder
von seinem Heimatort …
Sie hatten nämlich ihr Kommen
verabredet, ihm Teilnahme zu zeigen
und ihn zu trösten. Als sie aber
von ferne ihre Augen erhoben,
erkannten sie ihn nicht wieder.

Hiob 2, 11–12

# Gott ist an kein Gesetz gebunden.

## Von wegen!

Was ist, wenn guten Menschen Böses widerfährt? In keinem Buch der Weltliteratur wird diese Frage radikaler und großartiger gestellt als in der Bibel, 42 Kapitel lang. Hiob, der Namensgeber des Buches, ist nicht nur ein guter Mensch, er ist ein wirklich untadeliger Gerechter. Und ihm widerfährt nicht nur ein bisschen Böses, sondern das Äußerste, was ein Mensch ertragen kann: Kriegerische Nachbarvölker rauben Hiobs Vieh, töten seine Knechte, durch einen Wirbelsturm sterben alle seine Kinder während einer Party. Dann wird Hiob selbst von furchtbaren Krankheiten heimgesucht. Nun sitzt er auf den Trümmern seines Hauses. Was er noch hat, ist sein bisschen Leben.

Dann kommen seine Freunde. Immerhin schweigen sie sieben Tage und sieben Nächte, dann aber fahren sie das ganze Arsenal an Erklärungsversuchen für menschliches Leid auf, das die Welt zu bieten hat, bis heute. Die Grundmelodie der Gottesverteidiger: Gott ist unendlich groß. Er kann tun und lassen, was er will. Wie könnte ein Mensch im Recht sein gegenüber Gott? Aber Hiob weist das zurück. Gott ist an sein Versprechen gegenüber den Menschen gebunden: Wer gerecht lebt, hat gerechte Behandlung verdient. Hiob verlangt Gerechtigkeit von Gott. Er besteht darauf, dass Gott seinen Vertrag mit ihm einhält. Er will mit ihm prozessieren.

Und Gott, das ist das Unglaubliche, lässt sich darauf ein. Er verantwortet sich dafür, warum guten Menschen Böses widerfährt. Radikaler als Hiob hat in keiner Religion der Erde ein Mensch an Gott gezweifelt. Mitten in der Bibel steht da ein sattes Stück Atheismus. Doch zugleich ist Hiob der Gläubigste von allen, denn er zieht nach seinen schrecklichen Erfahrungen nicht die billige Konsequenz »Es gibt keinen Gott«. Sondern er steht den Prozess mit Gott durch. Und wie geht der aus? Hiob wird begnadigt, doch es ist kein juristisches Urteil. Die Antwort ist die ganze Bibel: Das Leid ist da – aber Gott lässt den Menschen im Leid nicht allein. Er geht mit hinein in das, lässt sich darauf ein. Gottes eigener Sohn wird von den Menschen zum Tode verurteilt.

Das ist Hiobs Botschaft: Lass dich von den vielen Stimmen nicht beschwichtigen! Lass dir deine Einwände nicht niederbügeln! Höre auf die Stimme deines Herzens, deine Fragen haben unendliches Gewicht! Lass dich auf einen Prozess mit Gott ein! Jesus hat das immer wieder bestätigt: Höre nicht auf, Gott auf die Nerven zu gehen. Wie eine Witwe, die nicht müde wird, sich gegen die ungerechten Mächtigen in der Stadt zu wehren.

Wenn ich deinen Himmel schaue,
das Werk deiner Hände,
den Mond und die Sterne,
die du befestigt hast:
Was ist dann der Mensch,
dass du seiner gedenkst,
das Menschenkind,
dass du seiner dich annimmst?
Nur wenig geringer als einen Gott
hast du ihn gemacht,
mit Glanz und Herrlichkeit ihn gekrönt.
Du gabst ihm Herrschaft über die
Werke deiner Hände,
alles legst du ihm zu Füßen: …
Herr, unser Herrscher,
wie gewaltig ist dein Name
auf der ganzen Erde.

Psalm 8, 4–10

## »Ich finde Gott in der Natur« ist ein primitiver Glaube.

## Nicht unbedingt!

Ein Astronom erzählte mir von seinen Nächten am Teleskop, von dem Vordringen in den »deep sky«, in die entfernten Galaxien weit außerhalb unserer Milchstraße. »Über eine Milliarde Jahre war das Licht so einer Galaxis unterwegs«, sagt er, »es hat sich kugelförmig in das gesamte Universum verbreitet, und nun trifft eine winzige Menge davon auf unseren winzigen Planeten, eine noch winzigere Menge davon in mein Fernrohr, und dieses winzige bisschen Licht prickelt jetzt, in diesem Moment, auf meiner Netzhaut.«

Ich höre immer wieder den Satz: »Gott suche ich lieber unter freiem Himmel, im Wald oder in der Natur.« Ich habe nie darüber gespottet, weil das durchaus einen wahren Kern hat. Nach oben sehen, das ist die älteste und ursprünglichste Gebetshaltung. Nicht, weil »da oben« Gott ist, sondern weil unser Geist nicht an »hier unten« gebunden ist. Unser Denken, unser Fühlen, unser Bewusstsein kann alle Grenzen sprengen. Es dringt vor in die schwarze Unendlichkeit des Weltraums, in fernste Ferne, in die Tiefen der Moleküle und Atome, in das grenzenlose Riesenreich der Phantasien und Träume.

Psychologen haben herausgefunden, dass es bei vielen menschlichen Problemen tatsächlich hilft, ins Freie zu gehen und nach oben zu sehen. Den Blick erheben, das befreit. Denn mit unserem Blick weitet sich auch unser Bewusstsein, man bekommt eine neue Dimension. Das

Bewusstsein, dass wir hier auf der Erdoberfläche an einer Grenze stehen. Direkt über unseren Köpfen beginnt die Unendlichkeit. Achten Sie mal darauf, wie wenig die Menschen nach oben gucken, wenn sie im Freien sind. Wer den ganzen Tag immer eine Zimmerdecke über sich hat, verliert diese wichtige menschliche Fähigkeit. Deswegen waren auch die Innenräume der alten Kathedralen so hoch wie möglich: Damit wir über uns hinausfühlen und hinausbeten können und damit wir die Kraft über uns spüren.

Der Herr ist mein Hirte,
darum leide ich keine Not.
Er führt mich auf saftige Weiden und
lässt mich ruhen am frischen Wasser.
Er erfrischt meine Seele.
Er leitet mich auf sicheren Wegen,
dafür bürgt er mit seinem Namen.
Und muss ich auch durchs finstere Tal,
fürchte ich kein Unglück,
denn du bist bei mir,
dein Stecken und Stab trösten mich.

Psalm 23, 1–4

## Bei großer Trauer braucht man großen Trost.

## *Nein, gerade nicht!*

Wann brauche ich eigentlich Trost? Wenn ich mich klein fühle. Wenn etwas anderes mir zu groß ist: eine Aufgabe, eine Enttäuschung, eine Verpflichtung oder andere Menschen. Wenn mich etwas bedrückt, etwas Großes auf mir lastet, wenn mir etwas Angst macht, wenn ich betrogen worden bin, ausgenützt, gedemütigt, belogen, bestohlen.

Das Wort »Trost« kommt aus der gleichen Wurzel wie das englische »trust«: Vertrauen. Dahinter steckt die Vorstellung von einem Vertrag: Zwei vereinbaren, sich aufeinander zu verlassen. Dadurch entsteht ein Fundament. Etwas, das Halt gibt.

Der Trost, den ich als Mensch ohne Halt brauche, muss gar nicht groß sein. Vermutlich kann sogar, wenn ich mich selbst so klein fühle, nur das Kleine wirklich trösten. Es ist wie bei einem Ertrinkenden: Er braucht eine große rettende Kraft, aber sie muss in so kleiner Gestalt daherkommen, dass er sie anfassen kann. Das riesige Schiff neben ihm ist keine Rettung. Erst wenn die Menschen vom Schiff ein dünnes Seil mit einem Ring zum Festhalten zu ihm werfen, hat der Ertrinkende eine Chance.

Im berühmten 23. Psalm stellt sich der Betende vor, ein Schaf zu sein. »Dein Stecken und Stab trösten mich«, singt er da. Den Trost, den Schutz, den Halt, den das hilflose, ängstliche Schäfchen im finsteren Tal braucht, umringt von Feinden und Gefahren, diesen Trost findet es in diesem einfachen Stecken, den der Hirte mit sich führt. Mit diesem Stab kann es der Hirte notfalls mit einem Wolf aufnehmen. So verdichtet sich eine große Wahrheit in einem kleinen Gegenstand.

Ich glaube, dass so gut wie jeder Mensch solche für ihn tröstlichen Gegenstände kennt. Manchen ist das sehr bewusst. Für andere ist das ein Aha-Effekt, wenn sie sich klarmachen, dass ihr zerfledderter Teddybär aus der Kindheit solch ein Trost-Anker ist, oder die Sammlung von Modelleisenbahnlokomotiven oder die Schuhe mit dieser silbernen Spange.

Es gibt ganz verschwiegene Trost-Anker, mysteriöse, faszinierende Dinge, deren tröstenden Wert nur wir kennen. Es ist schwierig, sie mit anderen zu teilen, und vielleicht auch gar nicht nötig. Sie gehören zu uns, sie sind ganz mit uns verknüpft. Manchmal stellen sie eine geheimnisvolle Verbindung zu unseren Vorfahren her: die Taschenuhr des Onkels, die so beruhigend tickt, oder ein wärmender Muff, wie Großmutter ihn immer trug.

Schämen Sie sich nicht für solche Trost-Anker, so verschroben sie nach außen auch wirken mögen. Hinter den Dingen leuchtet ein wärmendes Licht. Feiern Sie frohen Herzens Ihr Fest der kleinen Dinge, die mild von innen strahlen wie ein ferner Stern. Gut und tröstlich sind die geliebten Dinge, solange sie das Licht dahinter nicht vollständig bedecken, sondern noch dafür durchlässig bleiben.

Stecken
Stab

Die Freundschaft des Herrn erlangen alle,
die ihn fürchten, seinen Bund gibt er ihnen kund.
Meine Augen sind stets auf den Herrn gerichtet,
weil er meine Füße dem Netz entreißt.
Wende dich zu mir und sei mir gnädig,
ich bin ja so einsam und elend.
Löse meines Herzens Bedrängnis,
aus meinen Ängsten führ mich heraus.

Psalm 25, 14–17

# Die »Augen Gottes« sind symbolisch gemeint.

## Oder auch nicht!

Ich stelle mir eine Mutter vor, die gerade ihr Kind stillt. Sichtlich zufrieden nuckelt der Säugling an ihrer Brust. Das Kind ist ganz wach und schaut mit großen Augen seine Mama an. Und sie schaut lächelnd und glücklich ihrem Kind in die Augen. Es wurde viel geforscht und geschrieben von dem Urvertrauen des Säuglings, vom »bonding«, dieser urtümlichen Bindung, die entsteht durch den körperlichen Kontakt zwischen Mutter und Kind. Deswegen bekommen Mütter unmittelbar nach der Geburt ihr Kind auf den Bauch gelegt. Inzwischen weiß man aber, dass etwas anderes mindestens ebenso wichtig ist: dass die Mutter ihr Kind anschaut. Dass es schädlich ist, wenn sie dabei abgelenkt wird. Deswegen lassen Hebamme und Arzt nach der Entbindung die Eltern mit ihrem Neugeborenen eine Weile allein. Aber auch später ist es ganz wichtig, dass sich eine Frau beim Stillen auf ihr Kind konzentriert und es ansieht, dass sie dabei nicht unbedingt mit anderen Menschen redet, liest oder fernsieht. Das gilt auch für den Vater, wenn er sich mit seinem Kind beschäftigt, und immer mehr junge Väter wissen das auch. Durch den Blick entsteht etwas, das physikalisch nicht erfassbar ist: Liebe, Vertrauen, Nähe. Aber auch Intelligenz, Mitgefühl, soziales Verhalten. Es gibt Anhaltspunkte, dass sich sogar Wissen und Fähigkeiten über den Augenkontakt übertragen. Diesen Blick gibt es ganz besonders intensiv beim Menschen. Bei den meisten Säugetieren

kann die Mutter ihren Kindern beim Säugen gar nicht in die Augen sehen – man denke nur an eine Hundemama mit ihren drei, vier oder noch mehr Welpen. Aber auch bei Tieren, bei denen es möglich wäre, etwa bei Affen, findet dieser Blickkontakt kaum statt.
»Meine Augen sind stets auf den Herrn gerichtet«, heißt es in Psalm 25. Das ist eine Zeile aus dem Gebet eines einsamen Menschen, der sich in großer Not befindet. Einer, der sich nach genau dieser Situation des Urvertrauens sehnt: So auf Gott zu schauen wie ein Kind auf seine Mama. Das ist ein wunderschönes Gebet zu Gott: »Meine Augen sehen dich an. Deine Augen sehen mich an.« Die Sehnsucht nach der geheimnisvollen Sichtverbindung zu dem, der mich hervorgebracht hat. Das ist ein Gebet, in dem ich schweigen kann. Ein Gebet, bei dem ich wie ein Säugling in Gottes Armen liege.

Wie lieblich sind deine Wohnungen,
Herr der Heerscharen!
Meine Seele lechzt, ja verzehrt sich
nach den Vorhöfen des Herrn.
Mein Herz, mein ganzer Leib,
jubelt dem lebendigen Gott entgegen.
Selig, wer in deinem Hause wohnen darf,
immerdar dich preisen kann.

Psalm 84, 1–5

## Gott kann man überall begegnen.

## Stimmt so nicht!

Ich weiß von einer Schwester aus Peru, die viel unterwegs ist. Wenn sie in einem Hotelzimmern wohnt, teilt sie eine Zimmerecke ab, indem sie vier buntgewebte Bänder ihrer Indiofrauen auf den Boden legt. In dieses Quadrat stellt sie eine Kerze, ein Kreuz, eine Postkarte ihrer Lieblingsikone, oder was immer sie auf der Reise an guten Zeichen findet. Das verwandelt den Raum von einem stereotypen Zimmer in einen Ort, an dem Christus wohnt.
Nicht, dass er ohne Kreuz und Kerze nicht dort wohnen würde. Aber der abgetrennte heilige Ort erleichtert *uns* den Zugang zu ihm. An diesem heiligen Ort ist es leichter zu beten. Ich bin überzeugt, dass das ein wichtiger Grund ist für den Rückgang der Gottesdienstbesucher: das schwindende Bewusstsein der kirchlichen Verantwortlichen für heilige Räume. Eine Kirche oder eine Kapelle sollte ein Ort sein, den man auch allein gerne besucht, völlig unabhängig von der Qualität der Gottesdienste, Predigten oder Lieder. Ein Ort der Kraft, der Stille und der Sammlung.
Ein Raum wird nicht dadurch heilig, dass man ihn dazu erklärt oder bestimmte Riten dort vollzieht. Wichtig ist, dass Menschen in diesem Raum beten, wieder und wieder, ihn aufladen mit geistlicher Energie. Unsere technische Kultur ist skeptisch gegenüber solchen unexakten nebulösen Vorstellungen. Andere sind fasziniert von dieser Vorstellung, und sie nehmen Anleihen bei der asiatischen Lehre von Feng Shui. Sie enthält viel Wissen über

die Gestaltung von Räumen, das sich auch in unseren alten europäischen Kirchenbauten findet. Die Grunderkenntnis ist dabei in allen Kulturen gleich: Man kann den Geist (das Chi, die Energie, die Lebenskraft) nicht durch bestimmte Baumaßnahmen erzeugen. Aber man kann den Geist recht wirkungsvoll durch falsche Baumaßnahmen verhindern.

Es gibt hoffnungsvolle Ansätze dafür, dass moderne Architekten die Weisheiten der alten Kirchenbaumeister wiederentdecken. Dass es den in der Kirche engagierten Menschen gelingt, unsere nüchternen, manchmal einfach nur abweisenden Kirchenräume in heilige Räume zu verwandeln. Durch andere Farben, andere Materialien, bauliche Veränderungen, durch mutige Ideen, vor allem aber eben durch wahrhaftiges, aufrichtiges, andauerndes Gebet.

Ich gehe nach einem Gottesdienst, einer Taufe oder einer Hochzeit gern durch die leere Kirche und spüre die mehr oder weniger stark wahrnehmbare Gegenwart des Geistes, die entstanden ist durch die Versammlung der betenden Gemeinde und durch den Segen der Anwesenheit Gottes.
Noch lieber gehe ich vor einem Gottesdienst in die stille Kirche. Der Rabbiner Abraham Heschel sagt, dass über die geistliche Kraft eines Gebets und eines Gottesdienstes in der Stunde davor entschieden wird. Geschwätz und Geplauder sollte man meiden, lieber innere Reinheit und geistige Klarheit suchen. Dabei hilft der heilige Raum, und umgekehrt hilft ein reiner und klarer Mensch, den Raum heilig zu halten.

Ehe die Berge geboren wurden,
Erde und Welt entstanden,
von Ewigkeit zu Ewigkeit bist du, o Gott.
Du lässt den Menschen zum Staub
zurückkehren und sprichst:
Kehret zurück, ihr Menschenkinder!
Denn tausend Jahre sind vor dir wie
der gestrige Tag, der vorüber ist,
und wie eine Wache in der Nacht.

Psalm 90, 2–4

## Nach dem Tod beginnt die Ewigkeit.

## Fehlanzeige!

Zahlen haben Bedeutungen, nicht nur in der Bibel sondern auch in unserer Seele. Die »1000« ist das Symbol für Größe, für Majestät, für etwas, das unser normales Zählen übersteigt. Tausend Jahre sind für einen Menschen nicht zu überblicken, sie gehen auch hinaus über den normalen Horizont einer Sippe. Tausend Jahre sind ein Symbol für einen Zeitraum, den wir Menschen nicht mehr planen können. Tausend Jahre sind eine göttliche Dimension.

Wenn wir glauben, dann schließen wir uns Jesus an und lassen uns mit ihm auf ein Abenteuer ein, das Raum und Zeit sprengt. Von Christus heißt es, er sei in den Himmel aufgenommen worden. Damit hat er Raum und Zeit gesprengt. In der Kategorie »Raum« gedacht, heißt das: Er ist *überall*. In der Kategorie »Zeit« gedacht: Er ist *jederzeit*. Christus durchschreitet die Schwelle zwischen Zeit und Überzeitlichkeit. In der Sprache der Science-Fiction-Autoren heißt das Stargate, ein Tor zu den Sternen. Sollte das wirklich so sein, dass uns allen der Gang durch das Stargate blüht, uns eines Tages endlose Zeit und endloser Raum geschenkt wird?

Manchem wird schwindlig dabei, es schwirrt einem der Kopf, man fürchtet durch diesen Blick in die Unendlichkeit und die Ewigkeit hier in dieser Welt den Boden zu verlieren. Und doch: Wie könnten Menschen leben ohne die Hoffnung auf ihr ganz persönliches Stargate? So eingesperrt in ein bisschen Lebenszeit, eingesperrt in einen

Körper mit Verfallsdatum, eingesperrt in ein Leben beschränkter Möglichkeiten? Christus hat Raum und Zeit überwunden. Darum ist er überall und jederzeit und einem näher, als einem jemals ein anderer Mensch nahe war – näher sogar, als ich mir selbst sein kann. Verbünde dich mit ihm. Lass dir tausend Jahre Zeit schenken, Zeit ohne Ende. Und freue dich, denn du wirst Raum erhalten, um dich in der wohltuenden Nähe Gottes endlos zu entfalten. Eines Tages, nach deinem Tod, am Ende der Welt, oder jetzt gleich, in dieser Sekunde – egal, Gottes Zeitlosigkeit ist potenziell überall.

Du bist es, der in die Täler Quellen entsendet;
zwischen den Bergen rieseln sie hin.
Allen Tieren des Feldes spenden sie Trank,
die wilden Esel löschen ihren Durst.
Daneben nisten die Vögel des Himmels;
sie singen ihr Lied aus den Zweigen.
Du bist es, der die Berge tränkt aus
seinen Kammern. Vom Segen deiner
Schöpfungswerke wird die Erde satt.
Gras lässt du sprossen für das Vieh,
Gewächse für die Feldarbeit des Menschen,
um Brot aus der Erde hervorzubringen und
Wein, der das Herz des Menschen erfreut.
Dass vom Öl das Antlitz erglänze
und Brot das Menschenherz stärke.

Psalm 104, 10–15

## Wie Jesus lebte, kann man heutzutage nicht mehr nachempfinden.

## Oh doch!

Wer offen ist für die Natur, für die Schönheit des Landes, der ist auch offen für Gott, behaupte ich. Außerhalb der großen Städte ist man dem Himmel ein Stück näher. Hier ist wenig los, und gerade dadurch wird etwas in uns gelöst. Man kann in der würzigen Luft der Wälder aus- und durchatmen, kann sich in der Sonne rekeln und aufleben, sich vom Wind, der über die Felder streicht, die trüben Gedanken von der Seele blasen lassen. Jesus hat in einer sehr natürlichen Umgebung gelebt, in Galiläa, dem fruchtbaren Norden Israels, bei den sanften Hügeln rund um den See Genezareth. Ich war vor vielen Jahren dort, und es gab im ganzen Heiligen Land keine Stelle, in der ich mich der Zeit Jesu näher gefühlt habe. Der See, die braunrote Erde, das harte Gras, der herbe Duft von Ölbäumen in der Mittagshitze, unzählige kleine Blüten an stachligen Sträuchern, das alles ist von einer beruhigenden Zeitlosigkeit. Jesus und seine Eltern haben diese Landschaft genau so erlebt wie wir heute. Es ist nicht schwer, sich in die Jugend Jesu zurückzuversetzen. Das Leben verläuft langsam, im ruhigen Rhythmus der Landschaft. Eingebettet in diesen Rhythmus sind die Feste. Sie stehen an den wichtigen Punkten der Natur: Saat, Ernte, Schlachtfest.

Jesu Denken, seine Bilder, seine Gleichnisse sind durch und durch geprägt vom Leben auf dem Land, aus dem Alltag einfacher Leute: Handwerker, Hirten und Bauern.

Eine Hütte, in der ein Groschen verloren geht; Saat und Ernte; Schafe und Fische; ein Acker, in dem vielleicht sogar ein Schatz zu finden ist. Jesus kennt und liebt das Land, in den kleinsten Szenen bäuerlichen Lebens lässt er die Größe Gottes sichtbar werden. Und jeder begreift, dass der Gott des Jesus von Nazareth ein gütiger Gott ist.

Wenn der Herr das Haus nicht baut,
mühen die Bauleute sich umsonst.
Wenn der Herr die Stadt nicht bewacht,
späht der Wächter umsonst.
Umsonst ist es, dass ihr früh euch
erhebt und spät euch niedersetzt,
das Brot der Mühsal zu essen.
Mit Recht gibt er seinen Geliebten den Schlaf.

Psalm 127,1–2

## Den Seinen gibt's der Herr im Schlaf.

## *Nein, viel besser!*

Der Schlaf wurde für uns erschaffen. Er ist ein Geschenk Gottes und gehört zu uns wie unser Körper. Im Schlaf regenerieren sich unsere Muskeln und Gehirnzellen. Der Körper schüttet Stoffe aus, die uns erfrischen. Gut ausgeschlafen und ausgeruht nehmen wir froher und gelassener am Leben teil. Die Stunden des Schlafens sind gut angelegt, sie gleichen anstrengende Stunden aus. »Der Schlaf«, so hat es der Wiener Schriftsteller Peter Altenberg einmal gesagt, »ist der heilige Versuch der Natur, die Tageswunden zum Verheilen zu bringen. Den Schlaf zu unterbrechen oder zu kürzen heißt, heilige Verbände abzureißen.«

Darum heißt es auch ganz richtig im Volksmund, wenn jemand Kummer hat oder über Problemen grübelt: »Schlaf erst einmal drüber.« Vertraue darauf, dass in der Nachtruhe heilsame Kräfte in dir am Werk sind. In Indien gilt es bis heute als ein schlimmes Vergehen, jemanden aus seinem Schlaf zu reißen. Während dieser Zeit steht er unter Gottes besonderem Schutz. Man wartet geduldig und respektvoll, bis der andere ausgeschlafen hat. Der Schlaf ist heilig. Der Exerzitienlehrer Franz Jalics gibt seinen Schülern, wenn sie mit dem geistlichen Meditationsprozess beginnen, fast immer als ersten Rat: »Schlaf dich aus!« Es gibt einen guten geistlichen Schlaf, in dem sich die Kräfte unseres Inneren erholen. In den Träumen reinigt und erfrischt sich unser Innerstes. Schlaf und Seele sind Verbündete. Übermüdung und Erschöpfung sind

keine religiösen Tugenden. In einem ausgeruhten Körper sind auch Herz, Geist und Seele wach.
Das Bibelwort aus dem 127. Psalm zum Thema Schlaf ist schon zum Sprichwort geworden, allerdings in der Version »Den Seinen gibt's der Herr im Schlaf«. Mich hat das immer gewundert. Das klingt nach Faulheit, Hände in den Schoß legen, der liebe Gott wird's schon richten. Das kann Gott doch nicht meinen. Und tatsächlich: Bei näherer Untersuchung stellt sich heraus, dass dieser Satz nicht ganz richtig übersetzt ist. Im Deutschen muss es eigentlich heißen: »Den Seinen gibt der Herr *den* Schlaf.« Was für ein gelungenes Geschenk Gottes!

Du hast meine Nieren bereitet
und hast mich gebildet im Mutterleibe.
Ich danke dir dafür,
dass ich wunderbar gemacht bin.
Wunderbar sind deine Werke,
das erkennt meine Seele.
Es war dir mein Gebein nicht verborgen,
als ich im Verborgenen gemacht wurde,
als ich gebildet wurde unten in der Erde.
Deine Augen sahen mich, als ich noch
nicht bereitet war, und alle Tage waren
in dein Buch geschrieben, die noch werden
sollen und von denen keiner da war.

Psalm 139

# Gott ist groß, der Mensch ist klein.

## Zum Glück falsch!

Ich kann das Glück in der Partnerschaft, in der erotischen Liebe oder in der tätigen Nächstenliebe nur finden, wenn ich einen eigenen Standpunkt habe. Nur wenn ich selbst jemand bin, kann ich für jemand anderen da sein. Aber wie geht das? Wie finde ich zu meinem wirklichen Ich?

Die erste Antwort finden Sie im 139. Psalm. Sie lautet: Ich bin nicht klein. Sondern ich bin riesig. Wie das Universum. Ich bin mit dem Schöpfer persönlich bekannt. Er hat mich gemacht, er kennt mich und er erinnert sich an mich. Es gibt eine Art des Sich-klein-Machens, die ist gotteslästerlich. Dazu kann man häufig sagen: »Mach dich nicht so klein – so groß bist du gar nicht!«

Die zweite Antwort auf die Frage nach dem Wert unseres Ich gibt Jesus, und sie ist sehr einfach. Ein einziger kurzer Satz, der sogar bereits im Gesetz des Mose steht: »Liebe deinen Nächsten wie dich selbst.« Für Egoisten, für Menschen, die nur ihr Ich sehen, ist das eine Aufforderung: Du hast die gute Gabe, zu dir selbst gut zu sein. Übertrage diese Gabe auf die Menschen um dich herum, und du wirst erleben, wie die Liebe dadurch nicht abnimmt, sondern sich noch vermehrt.

Für Menschen, die Probleme haben, ihr eigenes Ich zu finden und zu lieben, ist das »Liebe deinen Nächsten wie dich selbst« ein Programm, das sie der Reihe nach abarbeiten sollten:

1. Lieben Sie! – Tun Sie's!
2. Ihren Nächsten – Ihren Partner. Ihre Familie. Ihre Patienten, Klienten, Schüler, Schützlinge, Mitarbeiter.
3. Sich selbst – gönnen Sie das, was Sie anderen gönnen, auch sich selbst. Genau so viel Zeit, genau so viel Geld. Die gleiche Qualität von Zuneigung und Aufmerksamkeit. Nehmen Sie Ihre Liebe zu den anderen als Modell und Maßstab für Ihre Wertschätzung gegenüber sich selbst. Geben Sie dem anderen nicht mehr als sich. Und vor allem: Erwarten Sie nichts. Der berühmte Satz Jesu, der ja auch bekannt ist als »Goldene Regel«, heißt nicht: »Liebe deinen Nächsten, damit er dich zurückliebt.« Der Hauptsatz ohne den Einschub in der Mitte heißt: »Liebe dich selbst.« Eigentlich eine ungeheuerliche Aussage: Tu es selbst. Erwarte nicht von anderen, was du dir selbst geben kannst.

Die Steppe soll sich freuen, das dürre Land glücklich sein, die Wüste jubeln und blühen! Mit Blumen soll sie sich bedecken, jauchzen und vor Freude schreien! Macht die erschlafften Hände wieder stark, die zitternden Knie wieder fest! Ruft den verzagten Herzen zu: »Fasst wieder Mut! Habt keine Angst! Dort kommt euer Gott! Er selbst kommt, er will euch befreien; er übt Vergeltung an euren Feinden.« Dann können die Blinden wieder sehen und die Tauben wieder hören. Dann springt der Gelähmte wie ein Hirsch und der Stumme jubelt vor Freude. Sie, die der Herr befreit hat, kehren heim; Sorgen und Seufzen sind für immer vorbei.

Jesaja 35, 3–10

## Propheten haben vom Untergang gesprochen.

## Nicht nur!

Eine Rundfunksprecherin sollte für eine kirchliche Sendung diese Passage des Propheten Jesaja vorlesen. Sie sah sich die Zeilen durch, schüttelte den Kopf und sagte: »Das lese ich nicht. Das ist ja völlig verlogen.« So sei ihre Weltsicht nicht. Man solle den Menschen keine Hoffnung machen. Nach einiger Überredung las sie dann doch. Aber es klang wie eine Unglücksmeldung. Oje, dachte ich mir, noch so eine Apokalyptikerin. Je älter ein Mensch wird, umso stärker scheinen ihn Gedanken über den Untergang zu faszinieren. Der Blick trübt sich im Alter, überall am eigenen Körper tut es weh, das Gehen, das Atmen, oft sogar das Denken werden mühsam, und wenn man die Schmerzen des eigenen kleinen Lebens wiederfindet im gigantischen Uhrwerk der universalen Weltgeschichte – vielleicht tut es einem dann selbst weniger weh?

Die Redakteurin versuchte, der Sprecherin die Situation zu erklären: Das Volk Israel ist in ein fremdes Land verschleppt worden, ihre Heimat wurde zerstört. Sie sind völlig am Boden, schlimmer kann es nicht mehr kommen. Der Prophet, der vorher die Niederlage des Volkes vorausgesagt hatte und den brutalen Weg in die Gefangenschaft, wechselt die Tonart. Seine Aufgabe ist jetzt, den neuen Aufbruch zu prophezeien und das Volk vor der kollektiven Depression zu retten.

Denn Angst ist nicht nur ein Gefühl. Sie kann verheerende Auswirkungen haben auf das ganz reale Leben von Menschen. Besonders augenfällig ist das bei Wirtschaftssystemen. Jeder Banker in Deutschland erinnert sich an den 5. Oktober 2008, ein Sonntag. Nach der spektakulären Pleite der mächtigen US-Bank Lehman Brothers waren die Deutschen kurz davor, am Montag die Banken zu stürmen und ihr Geld abzuheben. Das wäre der Zusammenbruch des deutschen Geldsystems gewesen. Ein kurzer Satz der Bundeskanzlerin hat damals das System gerettet. Ein Satz, in dem das Wort »Angst« nicht vorkam, sondern das Wort »sicher«.

Nein, warnen und Angst machen kann verheerende Folgen haben, und deshalb gehören wir Christen nicht auf die Seite der Warner und Angstmacher, sondern auf die Seite derer, die ermutigen und stärken.

Bin ich nur ein Gott, der nahe ist,
spricht der Herr, und nicht auch ein Gott,
der ferne ist? Meinst du, dass sich
jemand so heimlich verbergen könnte,
dass ich ihn nicht sehe?, spricht der Herr.
Bin ich es nicht, der Himmel und Erde erfüllt?,
spricht der Herr.

Jeremia 23, 23–24

## Gott ist uns immer nah.

# Oh nein, oft ganz im Gegenteil.

Wenn ich nachts in den Sternenhimmel blicke, denke ich fast immer an Gott. Es ist ein Erlebnis von Ewigkeit. Die meisten Menschen reden wie selbstverständlich von »Weltraum«, wenn sie in die Sterne blicken. Dabei hat Albert Einstein unmissverständlich klargemacht, dass es »Raum« gar nicht gibt. Es gibt ihn nur in Verbindung mit der Zeit, als Raumzeit. Nie können wir die Sterne sehen, wie sie sind. Wir sehen sie immer nur, wie sie waren. Etliche der Fixsterne, die wir jetzt noch beobachten können, sind längst verloschen. Nur noch ihre Strahlen, die Photonen, die sie einst ausgesandt hatten, sind noch am Leben und treffen als Überbleibsel in diesem Moment auf unsere Netzhaut.

Selbst wir hochtechnisierten Menschen sitzen immer noch fest auf unserer kleinen Erde, haben gerade mal den vergleichsweise winzigen Weg bis zum Mond geschafft. Ein paar unserer Satelliten sind vorgedrungen bis hinter die Bahnen der äußersten Planeten. Doch die gewaltigen Dimensionen des Weltalls mit seinen Abermilliarden von Sternen und Galaxien werden wir niemals auch nur ansatzweise bereisen können, außer in Form von Geschichten und Fantasien. Das Weltall ist nach wie vor zuallererst ein Ort in unserem Innern. »Nirgends, Geliebte, wird Welt sein, als innen«, schrieb Rainer Maria Rilke in seiner berühmten siebenten Elegie.

Der Prophet Jeremia hört Gottes Stimme sagen: »Bin ich

nur ein Gott, der nahe ist, und nicht auch ein Gott, der ferne ist?« Ich höre ich ihn weiter sagen: »Bin ich es nicht, der fortwährend die kosmische Raumzeit erschafft und vollständig erfüllt? Glaubst du, jemand könnte jenseits der fernsten Galaxien einen Platz finden, an dem er nicht mit mir verbunden ist? Bin ich es nicht, der Quasare und Schwarze Löcher, interstellare Gaswolken und Gravitationslinsen, Quarks und Myonen, jedes Teilchen und Antiteilchen mit Liebe durchdringt?«

Auch der ferne Gott ist Gott. Ein Gott, der so fern ist, dass viele Menschen nicht einmal mehr das Wort »Gott« aussprechen möchten. Es ist der »fernnahe« Gott, wie es die Mystikerin Marguerite Porete schon vor 700 Jahren formulierte. Und der amerikanische Theologe Matthew Fox seufzt: »Ach, wenn wir den Menschen doch wieder das Staunen vermitteln könnten über die Heiligkeit und das Geheimnisvolle des Kosmos!« Er beklagt, dass unsere Religion kraftlos geworden sei, eingesperrt in ritualisierte Glaubensformeln und trivial gewordene Gottesdienste. Unter den Wissenschaftlern, meint Fox, gebe es heute mehr Mystiker als unter den Bischöfen. Für ihn ist Christus, der Mensch gewordene Gott, die Vereinigung von Universum und Individuum. Er verbindet unendliche Ferne und intimste Nähe. Der »kosmische Christus« ist die langersehnte Verbindung zwischen Unendlichkeit und meinem Alltag. Ich bin sicher: Wir können die erstaunlichen Erkenntnisse über die Entstehung der Welt nutzbar machen als Energiespender für eine neue religiöse Begeisterung und eine neue, tiefe Freude am Dasein.

Josef, ihr Mann, der gerecht war
und sie nicht bloßstellen wollte,
gedachte, sie heimlich zu entlassen.
Als er darüber nachdachte, siehe,
da erschien ihm einen Engel des Herrn
im Traum und sprach: »Josef, Sohn Davids,
fürchte dich nicht, Maria, deine Frau,
zu dir zu nehmen; denn was gezeugt ist in ihr,
stammt vom Heiligen Geist. Sie wird
einen Sohn gebären, dem sollst du
den Namen Jesus geben; den er wird
sein Volk retten von ihren Sünden.«

Matthäus 1, 19–21

## Josef spielt in der Weihnachtsgeschichte eine unbedeutende Nebenrolle.

## Stimmt nicht!

Josef war fair. Statt seine Verlobte des Ehebruchs anzuklagen (wie er es nach dem Gesetz hätte tun müssen), wollte er Maria in der Nacht heimlich verlassen. Aber in der Nacht bekam Josef Besuch. Ein Engel erschien ihm im Traum und veranlasste ihn dazu, sein Fairplay noch einmal zu toppen: Er sollte Maria als seine Frau annehmen und das Kind quasi adoptieren. Keine Rede davon, dass Josef an der Vaterschaft des Heiligen Geistes auch nur einen Augenblick gezweifelt hätte. Auf diese Weise kommt Jesus zu einem adligen Stammbaum – von Abraham über König David bis zu Opa Jakob und Vater Josef.

Nehmen wir einmal an, Josef hätte einen etwas festeren Schlaf gehabt oder wäre total unempfänglich gewesen für Traumbotschaften. Nehmen wir an, er hätte ein für alle Mal die Nase voll gehabt und wäre nicht so sensibel gewesen für die leisen Hinweise von oben – die Geschichte von Jesus und seiner Mutter wäre anders verlaufen. Aber Josef war sensibel. Er spürte sich einbezogen in ein größeres, göttliches Spiel, das über ihn hinwegrollte, ihn aber doch zum Mitspieler machte.

»Er wird sein Volk retten von ihren Sünden.« Josef hat wohl gespürt, dass das nicht irgendwann bei irgendwem beginnt, sondern bei ihm – sofort. Er hätte sich aus dem

Spiel nehmen und sich in den Schmollwinkel zurückziehen können: ohne mich! Aber Josef wird gerettet, indem er rettet – die Ehre seiner Maria beispielsweise. Damit ist er ein mutiger Mann mit der guten männlichen Qualität der Klarheit. Schade, dass Josef oft als etwas jämmerliche Figur neben der großen Maria an die Krippe gestellt wird. Ohne Josefs Ja wäre das komplizierte Heilsprogramm Gottes nicht möglich gewesen.
Man könnte das Wort des Engels auch übersetzen mit: Jesus wird sein Volk retten vor ihrem ewigen Neinsagen. Wenn Gott das nächste Mal in Ihrem Herzen spricht, oder wenn Ihnen etwas Gutes »einfällt« – sagen Sie ja! Spielen Sie mit!

Als er am Ufer des Sees von Galiläa
entlangging, sah er zwei Brüder,
Simon, der Petrus genannt wird,
und Andreas seinen Bruder,
wie sie das Netz in den See warfen;
sie waren nämlich Fischer.
Und er sprach zu ihnen: Kommt,
folgt mir nach, und ich werde euch
zu Menschenfischern machen!«
Sie verließen sogleich ihre Netze
und folgten ihm nach.

Matthäus 4, 18–20

## Gott möchte, dass wir zufrieden sind mit dem, was wir haben.

## *Weit gefehlt!*

Ich glaube ziemlich sicher zu wissen, dass jeder Mensch ein Lebensziel in sich trägt. Mancher ist damit auf die Welt gekommen, andere haben es von ihren Eltern gehört oder in der Pubertät von einem Idol. Manchmal ist es sogar ein Bibelwort, das einen Menschen so trifft, dass es zu seinem Lebensthema und Lebensziel wird. Viele Menschen tragen ein Bild für ihre Lebensvision versteckt in ihrem Vornamen oder ihrem Spitznamen herum: Angelika soll vielleicht ein »angelos« sein, ein Engel, ein himmlischer Bote, der den Kontakt hält zwischen sehr Irdischem und dem Höheren, Ewigen. Simon ein Fels wie Simon Petrus, auf den man sich verlassen kann. Oder Werner ein »warinhar«, ein Herr des Krieges, der den Kampf der vorangegangenen Generationen endlich siegreich ausfechten soll. So ein Lebensziel kann nicht nur eine Idee sein oder ein Wort, sondern auch ein Bild, eine Vorstellung, oft ganz klar, farbig und dreidimensional, mit Gerüchen und Gefühlen.

Eines Tages werden wir gerufen. Da wird das Zielbild in uns entdeckt. Fast jeder Mensch hat das irgendwann einmal erlebt, aber viele trauen ihm nicht. Sie verlieren ihr eigenes Bild wieder aus den Augen. Sie vergessen es. Sie glauben nicht daran. Es erscheint ihnen zu groß. Sie hören auf die vielen anderen, die ihnen sagen: Bleib auf dem

Boden. Führe ein kleines Leben wie wir auch. Vergiss deine Träume, deine großen Ideen. Sei zufrieden mit dem, was du schon hast und bist.
Wohl dem, der einen Menschen findet, der das Große weckt, das noch in einem schlummert. So wie Simon Petrus das Glück hatte, genau zum richtigen Zeitpunkt Jesus zu treffen.
Erfolg bedeutet nicht, fett Geld zu verdienen, sich die tollen Sachen aus der Werbung leisten zu können, einen Orden zu bekommen, von den Medien gefeiert zu werden. Erfolg ist nichts, was uns jemand von außen sagen muss. Erfolg heißt, das eigene Bild von sich selbst zu erfüllen. Um es zu finden, ist es am besten, es aufzuzeichnen oder aufzuschreiben – und dann alles daranzusetzen, um es zu erreichen.

Ihr seid das Salz der Erde.
Wenn das Salz schal geworden ist,
womit soll man es salzen?
Es taugt zu nichts weiter,
als dass es hinausgeworfen und
zertreten wird von den Menschen.

Matthäus 5, 13

## Die Kirche ist das Salz der Erde.

# Nein, nicht die Kirche!

In der Fußgängerzone von Stuttgart hatte im Sommer 1999 ein Künstler einen riesigen Salzberg aufgetürmt. Es sollte eine Illustration des damaligen Kirchentagsmottos sein »Ihr seid das Salz der Erde«. Mich hat dieser Berg befremdet. So, auf einem Haufen, ist Salz wirkungslos. Es liegt einfach da und ist weiß, sonst nichts. So wirkt manchmal auch die große Kirche auf außenstehende Beobachter: Sie steht einfach da, fremdartig, wie aus einer anderen Welt. Für sich allein ist ein großer Salzberg nutzlos. Salz muss in kleinen Salzstreuern auf den Tisch. Es muss griffbereit sein in der Küche, damit man es in wohldosierten Mengen einsetzen kann. So verbessert es unsere Speisen. Es kommt nicht auf die Größe an, sondern auf die kleine, aktive, überall verfügbare Menge. Jesus würde sagen: auf jeden Einzelnen von euch.

Wir leben in einer eigenartigen und faszinierenden Zeit: Die Welt wächst zusammen. Über Internet, Fernsehen und Telefon ist alles gleichzeitig erreichbar. Eine gigantische Technologie schafft Verbindungen in einem noch nie da gewesenen Ausmaß. Firmen verschmelzen zu Gebilden von noch nie da gewesener Größe. Zugleich aber werden diese Gebilde immer weniger greifbar für uns. Die Menschen brauchen keine Vermittler mehr, schon gar keine großen Institutionen. Wer will, kann selbst in Kontakt treten mit fast jedem anderen.

Etwas Ähnliches ist mit dem Salz passiert. Früher war es

eine Delikatesse, teuer und schwierig zu bekommen. Man brauchte Verbindungen, komplizierte Infrastrukturen, um an es heranzukommen. Inzwischen ist es billig zu haben, für jeden. Die lukrativen Salzmonopole sind längst gefallen.

So wird es in naher Zukunft auch mit dem Wissen und dem Glauben werden. Wieder werden alte Monopole fallen: Die Schulen werden entthront. Die Kinder lernen außerhalb der Schule schneller und wirklichkeitsbezogener. Der Kirche geht es nicht anders. Die Menschen haben ihre sozialen Kontakte nicht mehr nur in der christlichen Gemeinde. Sie erfahren von Gott nicht mehr nur im Gottesdienst. Sie machen sich selbst auf die Suche nach

Gott. Ich denke, das ist das »Salz-Zeitalter« der Christen. Denn so hat es Jesus ja von Anfang an gemeint. Er hat keine Kirche gegründet, sondern ein paar Menschen um sich geschart und darauf vertraut, dass sie seine Botschaft weitertragen. Er hat nicht gesagt: Baut große Salzbergwerke. Gründet mächtige Firmen. Bildet ein Handelsnetz und ein Monopol. Achtet darauf, dass ihr allein das Salz besitzt. Nein. Er hat in menschlichen, natürlichen, nachbarschaftlichen Dimensionen gedacht: *Ihr* seid das Salz der Erde.

Liebt eure Feinde;
segnet, die euch verfluchen;
tut Gutes denen,
die euch hassen;
bittet für die, die euch
beleidigen und verfolgen.

Matthäus 5, 44

## Wer viel besitzt, ist reich.

# *Njet.*

Reich im besten Sinne ist nicht, wer viel hat, sondern wer viel geben kann. Dieser kluge Gedanke ist eingefangen in dem biblischen Wort »Segen«. Was man bekommen hat, auch anderen zu gönnen – das ist die Grundidee die Segnens, und das ist die Grundbewegung der Natur: den Segen weitergeben, alles Lebendige schützen. »Ich segne dich, und du sollst ein Segen sein«, sagte Gott zu Abraham, und damit beginnt eine lange Geschichte des Segens, die sich durch die gesamte Bibel zieht.

Jesus, so wird berichtet, segnet die Kinder, die zu ihm kommen. Als er Abschied nehmen muss von seinen Jüngern, unmittelbar bevor er emporgehoben wurde in den Himmel, segnet er sie. Segnen, sagt damit der Evangelist Lukas, ist die letzte Geste, die Menschen von ihm gesehen haben. Der Höhepunkt zum Thema Segen bei Jesus aber ist diese Zumutung aus der Bergpredigt, dass von jetzt an auch die Feinde geliebt werden sollen. Das ist der größte Reichtum, den Menschen mit dem Segen verteilen können: Spaltungen überwinden, Spaltungen in unserer Gesellschaft und Spaltungen in uns selbst.

Segnen und sich segnen lassen ist ein heimlicher Hit in neuen Formen des Gottesdienstes. Bei der »Thomasmesse«, einer Idee aus Finnland, gibt es mittendrin eine offene Phase, in der in verschiedenen Ecken des Kirchenraums alle möglichen Angebote gemacht werden. Da kann man über die Predigt diskutieren, still meditieren, sich beraten

lassen usw., aber meistens die attraktivste Ecke ist die, wo man sich segnen lassen kann. Einer kniet nieder, andere legen ihm die Hand auf und sprechen ein Segensgebet.
Es gibt eine wachsende Zahl von speziellen Heilungs- und Segnungsgottesdiensten, in denen Menschen intensive gute Erfahrungen machen. Hier liegt für mich ganz eindeutig die Zukunft von Gottesdienst und Kirche: persönliche Erlebnisse von innerem Reichtum.
Umgekehrt erzählen Menschen, wie schrecklich es für sie war, wenn sie den Segen ihres Vaters oder ihrer Mutter oder eines anderen für sie wichtigen Menschen *nicht* bekommen haben. Sie sehnen sich so sehr danach zu hören: »So, wie du bist, bist du gut. Und was noch nicht gut ist bei dir, das wird gut werden. Das weiß ich, und das wünsche ich dir von ganzem Herzen.« Wer so segnen kann, ist reich, und wenn er der ärmste Schlucker der Stadt ist.
Wer segnet, hat eine offene Hand, die mit frohem Herzen

gibt und nichts dafür nimmt. Wer einen anderen Menschen segnet, sieht den Weg des anderen und bejaht ihn. Auch wenn er selbst vielleicht einen ganz anderen Weg gehen würde, er bejaht ihn für den, der genau diesen Weg vor sich hat. Selbst Menschen, deren Eltern immer nur nein zu ihnen gesagt haben, können eine gute Beziehung zu Gott Vater oder Mutter Natur entwickeln – indem sie sich dem größeren Segen öffnen, dem großen Ja, der großen Kraft, die größer ist als sie.

Wenn aber du betest,
so geh in deine Kammer,
schließ die Tür zu und bete zu
deinem Vater im Verborgenen;
und dein Vater, der im Verborgenen
sieht, wird dir vergelten.
Wenn ihr aber betet, sollt ihr
nicht plappern wie die Heiden,
die sich einbilden, dass sie erhört
werden, wenn sie viele Worte machen.
Werdet nicht wie sie; denn euer
Vater weiß, was ihr nötig habt,
ehe ihr ihn bittet.

Matthäus 6, 6

## Beim Beten sollte man sich vor Gott demütigen.

## Keine gute Idee!

Wenn Sie Gott wirklich nahekommen möchten, sollten Sie es mit Beten versuchen. Aber wie macht man das? Es gibt viele mögliche Körperhaltungen für das Gebet, aber für den Beginn empfiehlt sich das aufrechte Stehen, mit offenen Augen. Ein starker, mutiger Stand, verwurzelt bis in die Tiefen der Erde, und ein mutiger Blick nach vorne und nach oben. Eine Körpersprache, die sagt: »Hier bin ich. Dein Geschöpf. Mit all meiner Kraft, allen Fähigkeiten, die ich dir verdanke. Ich bin bereit.« Diese Haltung lässt sich am besten unter freiem Himmel durchführen, wo der Blick nach oben nirgends hängen bleibt, wo die Höhe der Wolken über einem ist, oder das weite Blau des Himmels, oder die unendliche Schwärze der Nacht. Deswegen sind die alten Kathedralen so gebaut, dass sie fast automatisch den Blick nach oben lenken, dass sie viel Raum nach oben lassen für eine offene Sicht.

Das Ziel des Betens ist es, Gott zu bewegen, dass er Anteil nimmt an meinem Leben. Im Gebet stelle ich eine lebendige Verbindung her mit Gott. Eine Verbindung zwischen dem, was ich mir wünsche, und dem, was Gott will. Eine Verbindung zwischen meinen Bedürfnissen und seinem Überfluss. Eine Verbindung zwischen meinen Grenzen und seiner Stärke.

Die eigentlichen, die wesentlichen Gebete, das sind die Gebete vor einer Grenze oder einer Mauer, Gebete in der

Ausweglosigkeit, geschriene Gebete, geweinte Gebete, gestammelte Gebete oder einfach hilflos stumme Gebete. Manche Menschen haben Scheu zu beten, weil sie sich schämen, immer erst zu Gott zu kommen, wenn sie keinen eigenen Ausweg wissen. Aber das ist kein Grund, sich zu schämen. Dafür ist das Gebet doch da, höre ich Gott sagen: Komm zu mir mit deiner Hilflosigkeit, mit deiner Frage. Ich werde mehr tun, als sie zu beantworten. Ich werde sie verwandeln.

So nun sollt ihr beten:
… Vergib uns unsere Schulden,
wie auch wir vergeben unseren Schuldnern.
Und führe uns nicht in Versuchung,
sondern erlöse uns von dem Bösen.

Matthäus 6, 9–13

# Wer stets mehr gibt, als er bekommt, tut Gutes.

## Leider nicht!

Eine Frau erzählte mir, dass sie ihr ganzes Leben lang immer nur gegeben habe: Liebe, Geld, Zeit, Zuwendung. Aber jetzt, wo sie alt ist und selbst Hilfe gebrauchen könnte, komme nichts zurück. Ein typisches Ungleichgewicht von Geben und Nehmen: Immer war sie stark und hilfreich, bis die anderen klein und hilflos geworden sind. »Bin ich also da auch noch selber dran schuld?«, hat sie gefragt. Nein, habe ich gesagt, das ist keine Frage der Schuld, sondern eine Frage des Nehmen-Könnens.

Das Dilemma von Schuld und Vergebung lässt sich nur lösen durch den Ausgleich von Geben und Nehmen – der erst macht glücklich. Das gilt ganz besonders zwischen zwei Menschen. Der eine gibt etwas, und er bekommt vom anderen etwas zurück. Da muss er häufig Geduld haben und liebevoll darauf warten, bis vom anderen etwas kommt. Wenn er nicht wartet und immer weiter nur gibt, dann gerät das Ganze ins Ungleichgewicht. Das Immer-nur-Geben steht besonders in christlichen Kreisen in hohem Ansehen, und es geschieht meist in bester Absicht. Aber dann hat der eine beim anderen so hohe Schulden, dass er sie nie mehr abbezahlen kann. Das ist beziehungsfeindlich.

Im Vaterunser ist das Geheimnis von Geben und Nehmen so einfach ausgedrückt, dass man es gar nicht stärker vereinfachen kann: »Vergib uns unsere Schuld, wie auch wir vergeben unseren Schuldnern.« Dem Schuldner ver-

geben heißt nicht, sich an die Stelle Gottes setzen und in unendlicher Großzügigkeit sagen: Alles gestrichen! Schuld auf null! Nein. Dem Schuldner vergeben heißt, ihm eine Chance zum Zurückzahlen zu geben.
Der französische Dichter George Bernanos hat einmal gebetet: Mein Gott, ich gebe dir alles mit bereitwilligem Herzen. Nur verstehe ich nicht zu geben: Ich gebe immer so, als ob ich mir etwas nehmen lasse. Dabei wäre ich so gern einmal, ein einziges Mal, dir gegenüber freigebig und großzügig gewesen. Doch das Beste wird sein, wenn ich es dabei belasse. Denn auch wenn ich nicht zu geben verstehe – ich verlasse mich darauf, dass du verstehst zu nehmen.

Sammelt euch nicht Schätze auf Erden,
wo Rost und Motte sie verzehren
und wo Diebe einbrechen und stehlen;
sondern sammelt euch Schätze im Himmel,
wo weder Motte noch Rost sie verzehren
und wo Diebe nicht einbrechen und stehlen.
Denn wo dein Schatz ist,
da wird auch dein Herz sein.

Matthäus 6, 19–21

# Jesus ist gegen Geld.

## Von wegen!

In 2000 Jahren Christentum haben viele gemeint, Jesus sei ein kämpferischer Kritiker jeder Art von Besitz gewesen. Dann hätten die nicht viel zu lachen, die etwas auf der hohen Kante haben. Im Grunde genommen stünde die gesamte westliche Welt im Schatten und der Missgunst Gottes. Wir sind die Reichen. Aber hat Jesus nicht in Kana mitgemacht, wo man schwelgerisch mit Geld und guten Gaben gefeiert hat? Und hat er sich nicht mit teurem Salböl die Füße salben lassen?

Der American Way of Life, der sich gerne auf Jesus beruft, hat keine Skrupel mit dem Reichtum; er wird gleichgesetzt mit dem Segen Gottes. Wer reich ist, wer Geld hat und wirtschaftlichen Erfolg, ist gesegnet von Gott. So kann man gleichzeitig sehr fromm und mit gutem Gewissen reich sein. Um die Armen muss man sich innerhalb dieses Gedankengebäudes nicht zu sehr sorgen, denn das ist eben die höhere Weisheit Gottes, warum er sie nicht so segnet wie die Durchschnitts- und Besserverdiener. Das Resultat einer solchen Einstellung zu Geld und Glaube ist eine Gesellschaft mit immer absurder werdenden Unterschieden zwischen Arm und Reich. Soziale Sicherheit gibt es durch Almosen und gelegentliche Wohltätigkeitsveranstaltungen, aber nie als Grundidee eines Staatswesens.

Für Jesus ist jeder arm und reich zugleich, womit nicht bloß der Kontostand oder das Aktiendepot gemeint sind. Gewiss sind diejenigen nicht seine Freunde, die schamlos ihren Luxus im Angesicht hungernder Massen ausleben. Aber Jesus kritisiert materiell Arme, die nichts hergeben von ihrer Zeit, ihrer Liebe und ihrem Wissen genauso wie materiell Reiche, die spenden wie die Weltmeister, aber ein kaltes Herz haben. Das Richtmaß heißt: »Wo dein Schatz ist, da wird auch dein Herz sein.« Wenn das Herz bei dem neuen Haus, dem neuen Wagen oder der neuen Einbauküche ist, dann gilt: Ihr armen Reichen! Oder es könnte bei so göttlichen Dingen wie Güte, Liebe, Freude, Beziehung, Freundschaft, Hingabe seinen Schatz finden. Das macht den unerhörten Reichtum aus, den man nicht selten bei den Ärmsten der Armen findet – und den das Evangelium seligpreist.

Alles nun, was ihr wollt,
dass euch die Menschen tun,
sollt ebenso auch ihr ihnen tun;
denn das ist das Gesetz
und die Propheten.

Matthäus 7, 12

## Am Ende wird Gott über uns Gericht halten.

## Nicht unbedingt!

Jeder Mann weiß, dass es ein Unrecht ist, seine Frau mit einer anderen Frau zu betrügen. Aber es zuzugeben und dazu zu stehen ist schwer. Da schimpft er dann lieber gegen die engen Moralgesetze der Kirche und tut damit so, als ob »Du sollst nicht ehebrechen« eine Idee von »denen« oder von »dem da oben« wäre. Dabei ist es ein Gebot, das tief in seinem eigenen Herzen verankert ist. Er möchte selbst ja auch nicht von seiner Frau betrogen werden. Wenn er dieses Gebot verletzt, dann ist darüber in erster Linie nicht sein Pfarrer traurig, nicht sein Bischof, der Papst oder Gott, sondern vor allem er selbst. Er verletzt nicht den Gott da oben, sondern sein eigenes Innerstes.
Jede Frau spürt, dass sie sich einem schweren inneren Konflikt aussetzt, wenn sie erwägt, ihr noch nicht geborenes Kind abzutreiben. Dieser Konflikt löst sich nicht dadurch, dass sie sich auflehnt gegen staatliche Gesetze und Hirtenworte der Kirchen und damit so tut, als ob das Gebot, Leben zu erhalten, eine Idee von »denen« oder von »dem da oben« wäre. Es ist ein Gebot, das tief in ihrem Herzen verankert ist. Sie verdankt ihr eigenes Leben ja der Tatsache, dass sie von ihrer Mutter nicht abgetrieben, sondern zur Welt gebracht wurde. So ist es fast eine Faustregel: Wenn Menschen gegen »die Kirche« und ihre Gesetze wettern, dann kämpfen sie gegen die Gesetze und Maßstäbe, die sie in *sich* tragen. Der Konflikt in ihrem eigenen Herzen verlagert sich nach draußen.

Es gibt Menschen, die schon einmal klinisch tot waren und die ersten Phasen des Sterbevorgangs erlebt haben. Sie berichten, wie ihr ganzes Leben als riesiger Film im Zeitraffer noch einmal vor ihnen abgelaufen sei und dass sie dabei nicht nur Zuschauer, sondern ihre eigenen Richter gewesen seien. Mit einer inneren Klarheit, wie sie sie im normalen Leben nie hatten, konnten sie beurteilen, was gut war und was falsch. So stelle ich mir das Jüngste Gericht vor. Da wird kein Richter kommen, vor dem ich zittere, sondern ich werde in völligem Einklang mit mir selbst alle meine Taten beurteilen. Es gehört zum inneren Wachstum, diese Klarheit auch jetzt schon immer mehr zu gewinnen, und nicht erst ganz am Ende unseres Lebens.

Jesus nahm Petrus, Jakobus und seinen Bruder Johannes mit sich und führte sie allein auf einen hohen Berg. Und er wurde verklärt vor ihren Augen. Sein Gesicht leuchtete wie die Sonne, seine Kleider wurden weiß wie das Licht. Und siehe, da erschienen ihnen Mose und Elia, die redeten mit ihm. Petrus aber fing an und sprach zu Jesus: »Herr, hier ist gut sein! Wenn du willst, dann will ich hier drei Hütten bauen: eine für dich, eine für Mose und eine für Elia.« Als er noch redete, überschattete sie eine helle Wolke. Und siehe, eine Stimme aus der Wolke sprach: »Das ist mein lieber Sohn, an dem ich Wohlgefallen habe. Den sollt ihr hören!«
Als die Jünger das hörten, fielen sie auf ihr Gesicht und erschraken sehr. Jesus aber trat zu ihnen, rührte sie an und sprach: Steht auf und fürchtet euch nicht! Als sie ihre Augen öffneten, sahen sie niemanden als nur Jesus allein. Als sie vom Berg hinab gingen, ermahnte sie Jesus und sagte: »Von dieser Erscheinung sollt ihr niemandem erzählen, bevor der Menschensohn auferstanden ist von den Toten.«

Matthäus 17, 1–9

## Gott hat diese Wirklichkeit geschaffen.

## *Nicht nur die!*

Vor vielen Jahren war ich auf dem Berg Tabor in Israel, wo diese »Verklärung Jesu« vermutlich stattgefunden hat. Ein einsamer, karger, aber kraftvoller Ort. Berge waren zu Jesu Zeiten kein Aussichtspunkt oder Ausflugsziel wie heute. Es waren Plätze, die man in Ruhe gelassen hat. Ein guter Platz, um in eine andere Wirklichkeit zu gelangen. Die Wirklichkeit, in der einem Gott begegnen kann.

Die mystische Begegnung Jesu mit dem Licht der göttlichen Zeitlosigkeit ist mehr als nur ein inneres Erlebnis Jesu. Auch seine Freunde können es miterleben. Sie sehen Mose und Elia, die Symbolgestalten für das Gesetz und die Propheten, den innersten Kern ihres Glaubens. Sie sehen Jesus im verklärten Zustand, erleben einen ganz neuen Aspekt ihres Meisters.

Jeder Mensch, der diese andere Wirklichkeit betritt, die der Kindheit, der sexuellen Ekstase, der Musik oder welche auch immer, empfindet dabei einen Wunsch: Das hier soll nie zu Ende gehn! Verzaubert und fasziniert spricht Petrus diesen Wunsch aus, und er spricht uns aus dem Herzen, wenn er zum Augenblicke spricht: »Verweile doch, du bist so schön!« Es ist ein köstlicher Einfall, am Ort der mystischen Begegnung Hütten zu bauen, einen festen Wohnsitz in der anderen Wirklichkeit! Jesus braucht das nicht einmal abzulehnen. Die Antwort gibt Gott. Eine Stimme aus der Wolke spricht: »Das ist mein lieber Sohn. Den sollt ihr hören.«

Und dieser liebe Sohn Jesus sagt: »Steht auf und fürchtet euch nicht.« Habt keine Angst vor der zweiten Realität. Aber schlagt dort keine Wurzeln. Steht auf, geht zurück ins Leben. Wer heruntergeht vom Berg der mystischen Verklärung, hat Anteil an der großen Kraft des Ewigen. Aber er soll sie nicht nutzen, um damit anzugeben. Niemandem davon erzählen! Das ist der fundamentale Unterschied zwischen Jesus und irgendwelchen Gurus, die ihre Gotteserlebnisse werbewirksam verbreiten lassen.
Jesus nutzt seine neugewonnene Kraft anders. Direkt nach dem Erlebnis auf dem Berg kommt ein Mann auf Jesus zu, fällt ihm zu Füßen und bittet um Erbarmen für seinen epileptischen Sohn. Jesus heilt ihn mit der Macht seines Wortes. Kraft tanken, um zu lieben, barmherzig zu sein, zu handeln, zu helfen, zu heilen: Das ist der Grund, warum Gott diese andere Wirklichkeit geschaffen hat und wir diese unglaubliche Fähigkeit erhalten haben, sie ab und zu wahrzunehmen.

Wo zwei oder drei
in meinem Namen versammelt sind,
da bin ich mitten unter ihnen.

Matthäus 18, 20

## Jesus hat uns ein neues Gesetz gebracht.

## Nein!

Wenn die Liebe zu Gott die Innenseite des Christentums ist, so ist die Außenseite des Evangeliums die Nächstenliebe. »Das Reich Gottes ist mitten unter euch« – das kann auch heißen: Das Reich Gottes ist in eurer Mitte. Zwischen euch. Es ereignet sich, wo ihr anderen Menschen begegnet, zwischen euch und eurem Nächsten.

Nächstenliebe zielt aufs Diesseits. Sie verbindet uns mit dem Hier und Jetzt. Das ist vorrangig und wichtig. Wer jemanden auf das Jenseits vertröstet, der ist ein Lügner. Die Nächstenliebe, von der Jesus spricht, entzündet sich nicht an ihrem Gegenstand. Sie wird nicht entfacht, weil unsere Mitmenschen so liebenswert sind. Die Nächstenliebe der Christen entzündet sich an der Liebe Gottes zu uns. Sie ist unsere Antwort auf die Begeisterung Gottes für den Menschen. Nächstenliebe hat nichts mit Moral zu tun. Sie ist hundertmal wirksamer als Gesetze, Gebote und Moralpredigten. Eine Kirche, in der die Liebe zu Gott an erster Stelle steht, muss sich nicht mehr zu einer moralischen Instanz machen lassen, in der gefordert und gemahnt wird.

Jesus ist nicht gekommen, um neue Gesetze und neue moralische Forderungen zu bringen, sondern um eine Gemeinschaft zu gründen. »Das Reich Gottes ist mitten unter euch.« Es geschieht jetzt, zwischen euch, lebendig und natürlich, ohne Hierarchie. Das Reich Gottes geschieht in einer Gemeinschaft, in der Menschen Offenheit erfahren und in der sie angenommen werden. Um es ganz deutlich zu sagen: Es ist keine Gemeinschaft in diesem Sinne, wenn Menschen in einem Kirchenraum oder einem Kirchentagsstadion sitzen und vorn steht einer und sagt, dass sie hier Offenheit erfahren und angenommen werden.

Wir brauchen mehr Kirche als nur einen vollen Gottesdienst am Sonntagvormittag. Wir brauchen Gemeinde, ganz kleine vielleicht, Kirche in überschaubaren Gruppen, Freundschaften, Hauskreisen, Nachbarschaften, Begegnungen, Festen und Feiern, Besuchen. In Gruppen, in denen wir uns ermutigen, in denen wir uns nicht gegenseitig die Flügel stutzen, sondern in denen einer dem anderen Flügel verleiht.

Als Jesus in Betanien war, trat zu ihm
eine Frau mit einem Gefäß von Alabaster,
voll kostbaren Salböls, und goss es,
während er zu Tische lag, über sein Haupt.
Als dies die Jünger sahen, wurden sie unwillig
und sagten: Wozu diese Verschwendung?
Das hätte man doch teuer verkaufen
und den Armen geben können?

Matthäus 26, 6–8

## Jesus kommt aus einem armen Elternhaus.

## Wirklich?

Ich finde es gut, dass Jesus keine simplen Weisheiten parat hat nach dem Strickmuster: »Geld macht nicht glücklich.« Jesus kennt das Leben, und das Leben ist unfair. Es gibt keine einfache Lösung. Er kennt glückliche arme Menschen und unglückliche, genauso wie er sicher auch glückliche Reiche kennt und unglückliche. »Es ist nicht so gut mit Geld, wie es schlecht ist ohne«, sagt eine verschmitzte alte jüdische Weisheit.

Wir haben uns an die Vorstellung gewöhnt, dass Jesus aus armen Verhältnissen komme, und phantasieren das schon bei der Weihnachtsgeschichte dazu. Aber von der Armut der Familie Jesu steht in der Bibel nichts. Im Gegenteil – der einzige Hinweis auf Materielles sind die wertvollen königlichen Geschenk der Weisen aus dem Morgenland: Weihrauch, Myrrhe und Gold (leider fehlt jeder Hinweis, was mit den teuren Sachen geschah). Jesus war wie sein Vater Josef Zimmermann, und das war keineswegs ein schlecht bezahlter Beruf. Ein Zimmermann hatte damals ungefähr die Aufgaben, die heute bei uns ein Architekt erfüllt. Jesus hat reiche Freunde, die Zöllner zum Beispiel. Während der Kreuzigung stellen die Soldaten fest, dass er ein wertvolles Gewand trägt. Ich denke, dass Jesus nicht ohne weiteres aus der Armut kommt.

Dadurch bekommt Jesu armes Leben als Wanderprediger ohne Schuhe und ohne Dach über dem Kopf eine noch größere Bedeutung. Jesus wählt die Armut freiwillig.

Warum hast du, Jesus, die Armut gewählt? Ich höre ihn antworten: Das habe ich getan, um euch ein lebendiges Zeichen zu sein. Die armen, unterdrückten und verachteten Menschen können euch die wichtigsten Wahrheiten bringen für einen Durchbruch im Leben. Denn es gibt in eurer Seele einen Teil, den ihr unterdrückt und verachtet, und das ist die arme Frau oder der arme Mann in eurem Inneren. Diese kleine, unscheinbare und oft übersehene Gestalt, die ihr am liebsten verleugnen möchtet, die für euch aber die wichtigsten Gaben bereithält.
Und ich freue mich, könnte Jesus sagen, wenn Menschen im Laufe ihres Lebens Kontakt bekommen mit dieser armen Gestalt in ihrer Seele. Das ist ein Ziel, auf das hin zu leben sich lohnt. So wie Martin Luthers letzte Worte auf seinem Sterbebett, die das Thema Geld auf die vielleicht einfachste Formel bringen: »Wir sind Bettler, das ist wahr.«

»Wie lange hat er das schon?«, fragte Jesus.
Der Vater sprach: »Von Kind auf, und
oft hat ihn der böse Geist schon ins Feuer
oder ins Wasser geworfen, um ihn zu töten.
Wenn du kannst, so erbarme dich
unser und hilf uns!«
Jesus antwortete: »Du sagst ›Wenn du kannst‹.
Alle Dinge sind möglich für den, der glaubt.«
Da rief der Vater: »Ich glaube;
hilf meinem Unglauben!«

Markus 9, 21–24

## Vor Gott fühlen wir uns klein und schwach.

## *Das will er aber nicht!*

Erfolg ist niemals etwas, das man alleine haben kann. Man hat dabei immer mit anderen Menschen zu tun. Menschen, die einen begleiten. Menschen, für die man etwas tut. Und Menschen, die einen ermutigen. In der Bibel gibt es das auch. Ein Satz Jesu wirkt wie ein Findling, wie ein riesiger Brocken, der herausragt aus seiner übrigen Verkündigung: »Alle Dinge sind möglich für den, der glaubt.« Das ist der Ursatz des Erfolgs. Als Jesus einen besessenen jungen Mann heilen soll, da fleht ihn dessen Vater an: »Jesus, wenn du kannst, so erbarme dich unser und hilf uns!« Und Jesus antwortet: »Du sagst: ›Wenn du kannst.‹ Alle Dinge sind möglich für jemand, der glaubt.« Jesus ruft geradezu dazu auf, sich Wünsche nicht zu versagen und sich nicht bescheiden zurückzuhalten, sondern sie Gott geradezu entgegenzuschleudern. Geht auf Gott zu, nehmt ihn beim Wort, und er wird euch erhören. Schon einfach deshalb, weil es ihn nervt. So lautet die ungewöhnliche Pointe seines Gleichnisses von der bittenden Witwe. So lautet auch die Botschaft dieses Erfolgssatzes: »Alle Dinge sind möglich für den, der glaubt.«
Erfolg hat mit Ermutigung zu tun. Sich um die Seele eines anderen Menschen zu sorgen besteht nicht nur darin, seine Not und seine Armut zu sehen, sondern vor allem auch seine Möglichkeiten, seine Nicht-mehr-Not und Nicht-mehr-Armut. Sich um die Seele eines anderen Menschen zu sorgen besteht nicht darin, ihn zu schonen

oder seine Ansprüche herunterzuschrauben. Sondern ihm etwas zuzumuten: »Geh aus deinem Vaterland.« – »Verlasse die Bequemlichkeitszone.« – »Folge mir nach.« Das war die Seelsorge Jesu.

Wir brauchen alle mehr Mutmacher. Ich wünsche mir Menschen, die mich ansehen und sagen: Du kannst das! Ich wünsche mir Lehrer, die in ihren Prüfungsaufgaben keine Fallen stellen, um die unperfekten Schüler zum Stolpern zu bringen, sondern die Mut machen. In wünsche mir Schulen, die ihren Schülern Erfolgserlebnisse vermitteln, auch und gerade den schlechten Schülern. Ich weiß, dass Gott so mit mir redet. Mit jedem Problem, vor das er mich stellt, sagt er mir: Du kannst es meistern. Ich gebe dir so große Aufgaben, weil du sie schaffen kannst. Gott prüft mich, aber nicht aus Boshaftigkeit, um mir zu zeigen, dass er der Stärkere ist. Gott nimmt mich aber auch nicht heraus und sagt: Leg dich hin, ich erledige das für dich. Beides würde mich klein machen und schwach. Das will er nicht. Sondern er traut mir genau die richtige Menge zu.

Da sagte zu ihm Johannes: »Meister,
wir sahen einen, der in deinem Namen
Dämonen austrieb, einen, der sich uns
nicht anschließt, und wir verwehren es ihm,
weil er sich uns nicht anschließt.«
Jesus sprach: »Verwehrt es ihm nicht,
denn keinen gibt es, der Machtvolles wirkt
in meinem Namen und gleich darauf
Böses sagen könnte wider mich.
Denn wer nicht gegen uns ist,
der ist für uns.«

Markus 9, 38

## Jesus achtete sehr darauf, dass mit seinem Namen kein Schindluder getrieben wurde.

## Von wegen!

Wunderheiler und Geisteraustreiber scheint es zu Jesu Lebzeiten etliche gegeben haben. Aber dass dann auch noch einer kommt, der es in Jesu Namen tut, obwohl er nicht zum »Club« gehört – das ist Johannes und seinen Freunden des Guten zu viel. Blasphemie! Ein Konkurrent! Eine Copyright-Verletzung, würde man heute sagen. Die Jünger haben dem lästigen Trittbrettfahrer sofort die Konzession entzogen. Und nun warten sie brav auf das Lob ihres Meisters.

Aber Jesus ist ganz und gar nicht begeistert von seinen Registered-Trademark-Schützern. Er gerät nicht in Zorn über die Trittbrettfahrer und schickt ihnen keinen Bannfluch. Jesus denkt praktisch: Verbieten kann man ihm die Nutzung meines Namens nicht. Wer meinen Namen verwendet, wird nicht schlecht von mir reden. Jesus ist keiner, der in Vereinsstatuten denkt. Er initiiert Leben, ja eine ausufernde Bewegung des Lebens. Sein Denken hat Weite und lässt Solidarität sogar am äußersten Rand zu: Wer nicht gegen uns ist, der ist für uns.

Der Copyright-Verteidiger Johannes dachte wohl auch an sein eigenes Prestige: Wofür nehmen wir all die Strapazen auf uns, wenn wir gar nichts Besonderes mehr dabei sind? Wenn jeder beliebige Scharlatan den Namen Jesu frei benutzen kann? Jesu Sicht geht über »die Firma« hinaus. Sie geht sogar über die Wunderheilungen und Geisteraustreibungen hinaus. Jesus scheint diese Gaben gehabt, sie auch weitergeschenkt haben – aber sein Markenzeichen sollte das nie sein. Sein zentrales Zeichen sollte werden, dass er das ganz normale, grausame, hässliche Sterben eines Menschen am Kreuz auf sich nahm. Dass diejenigen am engsten zu ihm gehören, die ohnmächtig sind, ohne großes Firmenlogo, die unspektakulär leben, arbeiten und auch leiden. In dieser Sache, der Liebe, wollte er sich von niemandem übertreffen lassen.

Salz ist gut.
Wenn es aber seine Kraft verliert,
wie wollt ihr sie ihm zurückgeben?
Habt die Kraft des frischen Salzes bei
euch und habt Frieden untereinander!

Markus 9, 50

# Die Menschen werden ungläubiger.

## *Quatsch!*

Ich denke manchmal, vielleicht ist es gar nicht der Unglaube oder die angeblich so weltlich gewordene Gesellschaft, wegen deren sich viele Menschen von der Kirche abwenden. Sondern es ist ihre Witzlosigkeit. Da höre ich Jesus mit seinem Salz-Gleichnis sagen: Seid doch bitte etwas würziger! Lasst euch etwas einfallen. Probiert neue Rezepte aus. Kocht mit mehr Liebe und Spaß. Meine Botschaft hält sich nur frisch, wenn ihr sie immer wieder frisch und neu zubereitet.

Aber übertreibt nicht! Beim Salz kommt es auf die Dosierung an. Eine Prise Salz lässt Speisen besser schmecken. Manches wird dadurch erst richtig genießbar. Ohne Salz könnte unser Körper keine Flüssigkeit behalten, wir würden austrocknen, Krämpfe bekommen und schließlich zusammenbrechen. Zu viel Salz aber ätzt, beißt und tötet Leben ab. Diese Eigenschaft lässt sich nutzen, um Speisen haltbar zu machen. Zu Jesu Zeiten war es eine übliche Methode, Fisch in Salz einzulegen. Will man solchen Pökelfisch essen, muss man ihn gründlich waschen und von den Unmengen Salz wieder befreien.

Was macht Salz in der Küche genau? Es verstärkt, sagen die Köche, den Eigengeschmack der Speisen. Wenn man etwas, das nach gar nichts schmeckt, salzt, dann ist das Ergebnis furchtbar. »Ihr seid das Salz der Erde«, das bedeutet damit: Es ist schon etwas Schmackhaftes da. Dieser Planet Erde schmeckt nach mir, sagt Gott. Jede Zelle, jeder Lichtstrahl, jede Farbe, jeder Windhauch – alles

trägt meine schöpferische Handschrift. Aber ich brauche euch als Gewürz, damit es die Menschen auch wirklich genießen können und zu schätzen wissen. Dass sie es sehen und mit der Zunge schnalzen und mein Werk loben. Was ist unser Ziel, die Vision für uns? Gesundheit? Konsum? Ein gutes Leben? Golf spielen? Ewige Fitness? Nur Ruhe, Ruhestand? Nein. Die Vision Jesu für uns bis ins Alter hinein lautet: Trage deinen Teil bei zur Weisheit der Welt. Auch wenn du nur eine kleine Prise Salz bist, in ihr kann die ganze herrliche und gelassene Weisheit stecken, die seit Anbeginn der Welt fröhlich vor Gott spielt, weil sie überfließt vor lauter Liebe zu ihm.

Als er gerade dem Opferkasten gegenüber saß, beobachtete er, wie das Volk Münzen in den Opferkasten legte. Viele Reiche legten viel hinein. Es kam auch eine arme Witwe und legte zwei Heller, das ist so viel wie ein Pfennig, hinein. Da rief er seine Jünger herbei und sprach zu ihnen: »Wahrlich ich sage euch: Diese arme Witwe hat mehr hineingelegt als alle, die in den Opferkasten einlegten. Denn diese alle haben von ihrem Überfluss hineingelegt; sie aber legte von ihrer Armut alles hinein …

Markus 12, 41–44

## Jesus war ein vielbeschäftigter Mann.

## Denkste!

Was hat Jesus eigentlich den ganzen Tag gemacht? Er sah zu, wie das Volk Geld einlegte in den Gotteskasten. Das gefällt mir. Mit seinen herausragenden Fähigkeiten hätte Jesus doch eigentlich unermüdlich Kranke heilen sollen, predigen, mit den Politikern verhandeln, Menschen schulen, eine Organisation aufbauen … Aber stattdessen sitzt er da, schaut sich die Leute an, sieht diese Witwe, und das berührt ihn so sehr, dass er seine Jünger zu sich ruft und von seiner Beobachtung berichtet, wieder ganz ohne Urteil: »Sie legte von ihrer Armut alles hinein«, sagt er, »alles, was sie zum Leben hatte.« Ende. Keine Ermahnung: »Geht hin und tut desgleichen.« Kein Weheruf über die Reichen. Jesus stellt einfach fest.
Ich glaube, Jesus ist von dieser Frau gleichzeitig fasziniert und entsetzt. Warum sollte eine arme und alte Frau, die mit Müh und Not überlebt, ihr letztes bisschen Geld zur Verschönerung des Tempels spenden? Wir wissen nicht den Tonfall, in dem Jesus bestimmte Sätze gesprochen hat. So müssen wir selbst Regisseur spielen bei manchen Geschichten, und bei dieser hier höre ich Unmut und Zorn in Jesu Stimme: »Sie aber legte von ihrer Armut alles hinein, was sie hatte, ihren ganzen Lebensunterhalt!« Ich sehe, wie Jesus mit der Hand auf den Boden schlägt: So viel Hingabe bei dieser Frau – aber schaut euch auch die religiöse Ausbeutung an! Den Ärmsten der Armen zapfen sie die letzten Pfennige ab!

Die Scherflein der Witwe, da bin ich überzeugt, hält Jesus für schlecht angelegtes Geld. Direkt nach seiner kurzen Rede zu den Jüngern verlässt er mit ihnen den Tempel. Die Jünger bewundern die gewaltigen Quader, aber Jesus sagt: »Kein Stein wird hier auf dem anderen bleiben, und jeder wird zerbrochen werden.« Genauso ist es dann gekommen, gut 30 Jahre danach. Die Jünger bestaunen die prachtvollen Mauern des Tempels, sie sind beeindruckt vom alten System. Aber Jesus warnt: Das alles hier zerfällt. Haltet euch nicht an der äußeren Pracht fest. Sie ist bald kein Scherflein mehr wert.

Er ging ein wenig weiter,
fiel auf die Erde nieder und betete,
es möchte, wenn es möglich sei,
die Stunde vorübergehen an ihm.
Er sprach: »Abba, mein Vater,
alles ist dir möglich;
lass diesen Kelch vorübergehen
an mir; doch nicht, was ich will,
sondern, was du willst!«

Markus 14, 35–36

# Der Mensch kann die Kraft Gottes nicht verhindern.

## Oh doch!

Abba, mein Vater, alles ist dir möglich.« Das ist der Dreh- und Angelpunkt im Leben Jesu. Manchmal stelle ich mir vor, dass es vor Jesus schon andere Menschen gab, die Gott als Messias auf die Erde geschickt hatte, aber sie alle sind an diesem Wendepunkt gescheitert. Sie wollten weiter auf der Erfolgslinie bleiben, so wie die Heilungen alle erfolgreich waren und ihre Predigten gut ankamen bei den Leuten. Und dann, als ihnen die Kreuzigung drohte, haben sie sich ein Heer Engel schicken lassen, das den Kelch von ihnen wegnahm – und sie waren schnell vergessen. Jesus weiß: Für seinen himmlischen Vater ist alles möglich. Aber Jesus geht darüber hinaus: »Nicht, was ich will, sondern, was du willst!«

Der Weg des Erfolgs, unterwegs zum Zielbild des eigenen Lebens, wird irgendwann merkwürdig schmal und steinig. »Hab ich mich verlaufen?«, fragen viele, »ich hatte doch so viele Möglichkeiten, und jetzt schränkt sich alles so ein. Ich hatte doch Kraft für alles, und jetzt soll ich mir so lieb gewordene Dinge zurücklassen, für immer?«

Erfolg ist Loslassen. Ich kenne keinen erfolgreichen Menschen, der nicht von dieser Erfahrung berichten kann. Auf den letzten Metern vor dem Ziel verändert sich das Ziel in völlig unerwarteter Weise. Es trägt die Kraft des großen Ziels noch in sich, aber es erscheint kleiner, klarer, einfacher und zugleich unendlich wertvoller. Das

Ziel ist größer als ich selbst, und ich sehe, dass ich den Weg bis hierher nicht mir allein verdanke.
Dein Erfolg ist nicht die Folge deines Wagemuts und deiner Arbeit. Es ist meine freie Entscheidung, sagt Gott, dich zu segnen. Zu dieser Entscheidung stehe ich. Darauf kannst du dich verlassen. Meinen Segen kannst du nicht erzwingen. Du kannst ihn erbitten – oder auch verhindern. Zum Beispiel, wenn du dein angestammtes Land *nicht* verlässt. Gib dich niemals mit dem Scheitern zufrieden. Du kannst Großes von mir erwarten. Das Allergrößte. Du wirst staunen über den Erfolg, den ich am Ende bereithalte – für dich und alle um dich herum.

Nach drei Tagen geschah es, da fanden sie
ihn im Tempel, mitten unter den Lehrern sitzend,
auf sie hörend und sie befragend.
Als sie ihn sahen, waren sie sehr betroffen,
und seine Mutter sagte zu ihm: »Kind,
warum hast du uns das getan?
Siehe, dein Vater und ich haben dich mit
Schmerzen gesucht!« Er antwortete ihnen:
»Warum suchtet ihr mich? Wusstet ihr nicht, dass
ich in dem sein muss, was meines Vaters ist?«

Lukas 2, 46–49

## Jesus kam vom Lande und war misstrauisch gegenüber der Stadt.

# Ach wo!

Der 12-jährige Jesus, ein Junge vom Land, ist bei seiner ersten Begegnung mit dem Phänomen Stadt vollkommen fasziniert. Er würde am liebsten gleich dableiben – und geht seinen Eltern verloren. Drei Tage vergehen, bis sie ihn finden. Der kleine Jesus ist keineswegs verstört ohne Mama und Papa. Er fühlt sich wohl in der großen Stadt und sitzt im Tempel, vertieft in die Diskussion mit den Gelehrten des Landes. Drei Tage lang! Jesus ist an dem Ort, an dem Gott wohnt. Und er sagt das auch so: »Wisst ihr nicht, dass ich da sein muss, wo mein Vater ist?«

Jesus sollte zeitlebens ein Wanderer zwischen den Welten bleiben: ein Städter im Dorf, ein Dorfmensch in der Stadt. Er bringt gewissermaßen Brot und Wein vom Land mit ein, er durchbricht die städtische Glätte mit etwas Urwüchsigem, mit Bildern und Zeichen voller Kraft – er genießt aber auch das geistige Gespräch, den Austausch, die Diskussion mit den führenden Köpfen. Und er zahlt den Preis dafür: Sowohl in Jerusalem als auch auf dem Land ist er umstritten. Damit zeigt er, wie wir die Gegensätze aushalten können und wie sich unser Alltag dadurch menschlicher gestalten lässt.

Jede Stadt braucht Bewohner, die ungeniert ein paar Gewohnheiten vom Land mitbringen und die angeblich überall herrschende Anonymität einfach ignorieren. Man kann in der Stadt nicht jeden grüßen, so wie das auf dem

Dorf üblich ist. Aber man kann wach sein für Dorfsituationen mitten in der Stadt: Wenn jemand ratlos um sich blickt, ihn freundlich ansprechen. Manchmal kann man durch die amtliche Maske durchbrechen zu dem Menschen, der da arbeitet. Man kann mit der Kassiererin vom Supermarkt, deren Gesicht man schon so lange kennt, ins Gespräch kommen. Dazu muss man eine ruhigere Zeit im Laden erwischen, aber warum soll man nicht auch in der Stadt die Menschen beim Namen kennen, denen man immer wieder begegnet?

Umgekehrt braucht auch das Land ein paar »zuagroaste« Städter, die frischen Wind und Geist in den gewohnten Alltag bringen. Sie erzählen von den geistigen Schätzen in den Städten, von der Lust am Neuen und am Ausprobieren. Zu viel Trott macht stumpf, muffig und feindselig. Es ist reizvoll, in der Bibel mit der Stadt-oder-Land-Brille zu lesen. Viele Konflikte gehen auf diesen uralten Gegensatz zurück, ohne den die großartigsten Leistungen des Denkens und Glaubens nicht entstanden wären.

An diesem Tag sah Jesus einen,
der am Sabbat arbeitete.
Da sprach Jesus zu ihm:
»Heil dir, Mensch,
wenn du weißt, was du tust.
Wenn du es aber nicht weißt,
bist du verflucht und ein
Gesetzesübertreter.«

Lukas 6, 4 (Zusatz)

## Gott will, dass wir gehorchen.

## Das stimmt oft nicht!

Es war an einem Sabbat, dass Jesus durch ein Kornfeld ging. Seine Jünger rauften Ähren aus, zerrieben sie mit den Händen und aßen. Einige der Pharisäer motzten: »Warum tut ihr, was am Sabbat nicht erlaubt ist?« Da antwortete Jesus: »Habt ihr nicht gelesen, was David tat, als er und seine Leute Hunger hatten? Er ging sogar in den Tempel Gottes und aß die heiligen Schaubrote. Er aß, was doch niemand essen durfte außer den Priestern, und er gab seinen Leuten noch davon ab.« Und Jesus sprach zu ihnen: »Der Menschensohn ist ein Herr über den Sabbat.« Da steht eine Wahrheit gegen die andere. Bewundernd und zugleich etwas ratlos stehen wir heute dazwischen: Dürfen wir jetzt auch so mit den Regeln und Vorschriften umgehen?

Diese Ratlosigkeit wurde anscheinend schon sehr früh empfunden. Und so hat jemand in diese bekannte Erzählung vom Ährenraufen, die in jeder Bibelversion steht, die zusätzliche Geschichte eingefügt, die sich nur in einigen wenigen Handschriften findet und daher höchstens im Kleingedruckten einer Bibel auftaucht.

In diesem Zusatz wird geklärt: Wer das Gesetz nicht hält, ist ein Gesetzesbrecher. Basta. Wer aber das Gesetz bricht, weil er *weiß,* dass in diesem Fall der Wille des lebendigen Gottes mehr zählt als der Buchstabe des Gesetzes, der kann freigesprochen werden vom Vorwurf des Rechtsbruchs. Der kann befreit werden von dem Fluch, der damit eigentlich auf ihm lastet.

Ich kenne eine ganze Reihe von Menschen, die sich in Glaubensdingen an allerhand Vorschriften klammern und sich steuern lassen von Verboten und Tabus. Menschen, die sich verbissen an den Buchstaben der Bibel halten, haben oft schrecklich wenig Zugang zur Barmherzigkeit Gottes. Sie reden von seiner Gnade, aber ich spüre diese Gnade bei ihnen nicht. Stattdessen finde ich etwas Erbarmungsloses, Enges, mit dem sie sich selbst und anderen die Luft nehmen.

Solche Glaubenssysteme bieten stets Platz für Tyrannen. In jeder engherzigen christlichen Gemeinschaft, so habe ich es immer wieder erlebt, gibt es irgendwo einen älteren Mann oder eine ältere Frau oder mehrere davon, die die herrschenden Glaubensgesetze letztendlich definieren und ihre Einhaltung überwachen. Es ist ausgesprochen

schwierig, dem Ganzen auf die Schliche zu kommen, denn die Tyrannen treten meist ganz bescheiden und demütig auf. Aber ihre Herzen sind klein. Sie halten den großen Gott nicht aus und pochen deswegen auf die kleinen Gesetze.

Irgendwo in unserem Inneren haben wir den Traum, dass wir nur Regeln befolgen müssen, und dann werden wir glücklich, geliebt und gerettet. Aber das ist eine Illusion. Meist haben uns die Gesetze getötet, bevor wir am glücklichen Ziel ankommen. Gott will, dass wir erwachsen werden. Das werden wir, indem wir nicht auf Menschen hören, nicht auf Pharisäer und nicht auf Freiheitsprediger, sondern auf ihn allein.

Und ein anderer sagte:
»Ich will dir nachfolgen, Herr, doch
lass mich zuvor Abschied nehmen
von meinen Hausgenossen.«
Jesus sprach zu ihm: »Niemand,
der seine Hand an den Pflug legt
und zurückschaut auf das,
was hinter ihm liegt, ist tauglich
für das Reich Gottes.«

Lukas 9, 61–62

## Jesus ist sehr traditionsbewusst.

## Pustekuchen!

Ein Bauer, er hat die Hände fest an einem urtümlichen Pflug. Vor ihm ein Ochse, der das primitive Werkzeug zieht. Hart und trocken schaut der Ackerboden aus. Die Landschaft könnte irgendwo im Nahen Osten sein, und die Szene spielt vor 1000 oder 2000 Jahren. Der Bauer sieht mit festem Blick nach vorn, die Augen auf ein unsichtbares Ziel gerichtet. Nur so lassen sich gerade Furchen ziehen. Verdreht man den Kopf nach hinten und kontrolliert, ob die bisherige Spur des Pflugs gerade war – dann geht das im wahrsten Sinne des Wortes schief. Das Bild ist eines dieser einprägsamen Minigleichnisse aus dem Neuen Testament. Jesus sagt es zu einem Mann, der sein Jünger werden will, sich aber vorher noch von seiner Familie verabschieden möchte. Jesus sagt: Nein, komm sofort. Das ist ein hartes Wort, richtig unbarmherzig. Man wird doch wohl noch Abschied nehmen dürfen!

Jesus kann sehr schroff sein. Dieser harte Jesus hat mich früher erschreckt. Aber allmählich glaube ich, ihn zu verstehen. In der herkömmlichen Psychologie beschäftigen wir uns sehr, sehr viel mit unserer Kindheit, mit unseren Eltern, mit den Fehlern der Erziehung und den vielen kleinen und großen Verwundungen aus dieser Zeit. Das ist nicht prinzipiell verkehrt. Aber wenn wir dabei nur zurückschauen, alte Verletzungen, Kränkungen und Ängste wieder und wieder durchkauen und sie dabei festhalten und aufbewahren – dann brauchen wir uns nicht wundern, wenn die Furchen unseres eigenen Lebens krumm werden. Wer zurückschaut, ist nicht geeignet für das große Ziel unseres Lebens. Wenn ich mich umschauen würde, würde ich staunen, wie geradlinig und kraftvoll die Spur hinter mir ist. Aber ich brauche mich nicht umzudrehen.

Dort vorne liegt das »Reich Gottes«. Was soll man darunter verstehen? Am besten, man geht zur Urbedeutung dieses Wortes zurück: Reich, Reichtum, Vermögen, Gaben. Die Schätze liegen nicht in der Vergangenheit, der Tradition, den guten alten Zeiten. Das Reich Gottes, das ist der Reichtum Gottes, der in mir ist. Er hat mir Fähigkeiten verliehen. Als sein Geschöpf habe ich seine Gaben. Und es ist meine Aufgabe, diese Gaben in die Welt zu bringen. Damit bekommen viele Worte Jesu einen neuen Klang, und sie passen alle recht gut zu dem Bild von dem Bauern am Pflug: »Der Reichtum Gottes kommt nicht so, dass man ihn beobachten kann« (Lk 17, 20), sagt Jesus zu seinen Jüngern. »Der Reichtum Gottes ist mitten unter euch« (Lk 17, 21). Oder, vielleicht am schönsten in dem berühmten Satz: »Selig seid ihr Armen, denn der Reichtum Gottes gehört euch« (Lk 6, 20).

Eure Lenden sollen umgürtet sein,
und eure Lampen sollen brennen.
Ihr sollt sein wie Menschen,
die auf ihren Herrn warten,
wenn er von der Hochzeit heimkehrt.
damit sie ihm, wenn er anklopft,
sogleich öffnen.

Lukas 12, 35–36

## Gott verlangt übermenschliche Anstrengungen von uns.

## Zum Glück nicht!

Ein Mann hatte einen Garten, der von Disteln und Dornen übersät war. Eines Tages schickte er seinen Sohn hin, ihn zu reinigen. Als der Sohn die Menge des dort wachsenden Unkrauts sah, verlor er allen Mut. Er warf sich zur Erde und schlief. Und so machte er es viele Tage lang. Endlich kam sein Vater, um nachzusehen, was er bereits gearbeitet hatte. Da klagte ihm der Sohn voller Unmut sein Leid. Und der Vater entgegnete ihm: Mein Sohn, arbeite täglich nur so viel, wie dein Körper bedeckt, wenn du liegst. So wird deine Arbeit voranschreiten und du wirst nicht verzagt sein. Der Sohn hielt sich daran und in Kürze war der Garten urbar gemacht. Der Sohn verschließt buchstäblich die Augen vor dem, was zu tun ist – er schläft ein. Das ist die andere Seite des Schlafs: Flucht in die Resignation. Es klingt vielleicht überraschend, aber wir wissen heute: Wer zu viel schläft, wird krank. Mehr als zehn Stunden Schlaf am Tag führen zu Depressionen.

Die Kirche wirkt auf viele Menschen verschlafen und auch einschläfernd. Es gibt den sprichwörtlichen »Kirchenschlaf«. »Eure Lampen sollen brennen«, heißt es bei Lukas. Vielen Menschen entlockt das vor allem den Seufzer: »Schön wär's!« Überall entwickelt sich das Leben mit atemberaubendem Tempo, Unternehmen wandeln sich, Strukturen verändern sich in revolutionärer Weise, bloß in der Kirche scheint die Zeit stehengeblieben zu sein. Die Kirche als Institution lebt im ungesunden Rhythmus eines Depressiven: Sie schläft, wacht auf – und ist müde. Sie fühlt sich als Opfer und solidarisiert sich mit allen Opfern dieser Erde, sie klagt über die Ungerechtigkeit, zeigt auf andere, den Staat, die multinationalen Konzerne, die Strukturen, das Böse im Menschen. Das alles ist nicht falsch. Aber so hat Jesus nie gesprochen. Jesus hat sich zwar ins Boot gelegt und geschlafen. Aber als er aufgeweckt wurde, da war er präsent und geistesgegenwärtig in seinem Reden und Handeln.

Wie wird der verwilderte Garten der Kirche wieder urbar? Die Erzählung der Wüstenväter zeigt den Weg: Wir, als Christen, als Kirche, wir müssen nicht die Nöte der ganzen Welt auf unserem Buckel tragen. Wir müssen nicht die Probleme aller Krisengebiete auf dieser Erde lösen. Der kluge Vater riet seinem Sohn, sich bei der Arbeit am eigenen Körper zu orientieren. Das gilt auch für uns als Kirche. Das rechte Maß gibt uns der Körper der Kirche vor, nach menschlichem Maß, Schritt für Schritt. Der erste Schritt beginnt schon heute. Und es geht morgen weiter. *So* wird der Garten bald wieder blühen.

Es begleitete ihn auf dem Weg
das Volk in großen Scharen,
und er redete sie an und sprach:
»Wenn jemand zu mir kommt
und er sagt sich nicht los von Vater,
Mutter, Frau und Kindern, Brüdern
und Schwestern, ja selbst
von seinem eigenen Leben,
der kann nicht mein Jünger sein.«

Lukas 14, 25–26

Gott ist allmächtig.

# Nein, ist er nicht!

Das ist immer wieder schwer zu begreifen: Warum hat Gott den Menschen nicht so erschaffen, dass er ganz von selbst an seinen Schöpfer glaubt? So wie es die Tiere tun und die Pflanzen und die Steine? Nein, das wäre Gott nicht angemessen. Er hat das Recht auf ein wirkliches Gegenüber. Und dieses Gegenüber muss sich auf den Weg machen zu Gott. Ein beschwerlicher Weg, der etwas kostet. Es geht nicht billiger.

Ich wünsche mir oft, es wäre anders. »Opfern« klingt furchtbar, und dieses Wort wurde auch oft missbraucht. Trotzdem gehört es zu den tiefsten menschlichen Erfahrungen, dass wir an Punkte kommen, an denen wir etwas aufgeben müssen. Kinder großzuziehen kostet: Zeit, Schlaf, Geld. Und längst nicht immer bekommt man dafür genügend Freude oder Liebe zurück.

Auch das Älterwerden heißt abzugeben. Je älter wir werden, umso öfter hören wir die deutliche Stimme Gottes, die freundlich, aber bestimmt sagt: »Lass es gehen. Gib es weg.« Die große Wohnung, das Haus, den Garten, die großen Erwartungen. So viel habe ich dort hinein investiert, sagen wir. Aber die Stimme bleibt: »Lass es gehen. Es beschwert dich. Geh den Weg ab jetzt mit leichterem Gepäck.« Die wichtigste Fähigkeit ist das Vertrauen auf die großen Zusagen Gottes, die größer sind als alle Kosten. Am Ende wartet die Erfüllung der Verheißung: das gelobte Land, die Auferstehung, das ewig erfüllte Leben.

In Gott finden wir alles wieder, was wir uns vom Herzen gerissen haben, als es Zeit dafür war.
Gerne spreche ich das Gebet des Rabbi Sussja: Allmächtiger Gott, bist du wirklich allmächtig? Die Erde und das Universum hältst du in deiner Hand und doch kannst du keinen Menschen zwingen, dich zu lieben. Die Planeten kreisen auf vorgezeichneter Bahn. Doch das Herz des Menschen hast du so geschaffen, dass es deiner würdig ist: frei. Aus freien Stücken komme ich zu dir. Hier und heute lege ich dir mein Leben hin und bitte dich als dein freies Geschöpf: Zeige dich in meinem Leben als der wahrhaft Allmächtige.

Das Reich Gottes kommt nicht so,
dass man's beobachten kann.
Man wird nicht sagen: Schaut,
hier ist es! Oder: Da ist es!
Denn, seht her: Das Reich Gottes
ist mitten in euch.

Lukas 17, 20–22

## Gott ist in uns. Gott ist da oben.

# Beides falsch!

Reich Gottes, das war das Lieblingswort Jesu. Immer wieder sprach er davon, in Gleichnissen und Geschichten. Immer wieder umkreiste er dieses Thema, und eines Tages reichte es den Pharisäern, den Profitheologen von damals. Sie nahmen, was sie sonst nie taten, dieses Wort Jesu selbst in den Mund und fragten ihn ganz direkt: »Wann kommt denn dieses Reich Gottes?« Was Jesus ihnen darauf antwortete, enthält in wenigen Worten den tiefsten Kern unseres christlichen Glaubens. Ganz wörtlich übersetzt sagte Jesus so etwa, dass das »Reich Gottes in euch ist«.

Dass innen etwas wächst, kennen Eltern, wenn sie ein Kind bekommen. Natürlich kostet es Wille und Anstrengungen und Schmerzen, bis das Kind geboren ist. Es kostet Geduld und Zeit und Nerven und natürlich Geld, das Kind am Leben zu erhalten und groß zu bekommen. Zugleich aber ist klar, dass so ein Kind nicht die Erfindung seiner Eltern ist. Sie öffnen sich einem Größeren, dem Leben, das durch sie hindurch Wirklichkeit wird. Sie sehen ihr Kind an und finden, dass es Augen hat wie die Großmutter, dass es die Haarfarbe vom Vater hat, die Hände vom Großvater und so weiter. Zugleich sehen sie, dass es etwas ganz Neues ist und dass es ein Mensch ist wie viele, viele Generationen davor auch. Dass es Teil ist des Lebens an sich. Und sie zeigen ihre Verbundenheit mit der größeren, göttlichen Kraft des Lebens dadurch, dass sie das Kind taufen lassen.

So ist es auch bei der Suche nach Gott. Wir steigen in uns hinab, wir nähern uns immer weiter unserer Mitte, und am Ende ahnen wir diesen kleinen Raum, der das Zentrum unseres Selbst ist. Manche Menschen trauen ihrem Innersten nicht. Sie haben Sorge, dass der Raum in ihrer Mitte leer ist, und vorsorglich nehmen sie einen Gott von außen mit hinein. Das ist auch bei Christen recht verbreitet. Sie lesen in der Bibel von den Erfahrungen anderer Menschen mit Gott und formen daraus eine Theorie: So und so muss Gott sein, und so muss er auch in mir zu finden sein. Ein Gott, der ganz aus Liebe besteht. Oder ein gerechter, aber strafender Gott. Oder ein großzügiger Gott, der alle Religionen mit seiner Liebe umfasst. Oder ein eindeutiger Gott, der auf Entscheidung und Klarheit bedacht ist. Doch das ist alles nicht nötig.

Wenn wir es endlich gewagt und geschafft haben, die innerste Tür zu öffnen, dann begegnen wir dort nicht nur uns selbst, sondern dem, der dort eigentlich gar nicht hineinpasst, weil er unendlich viel größer ist als wir selbst.

Durch Mose hat Gott uns
das Gesetz gegeben.
Aber in Jesus Christus ist
uns Gott selbst begegnet
mit seiner ganzen Gnade
und Wahrheit.

Johannes 1, 17

# Wir brauchen wieder Werte.

## Ja, aber neue!

Das Gesetz schafft Leben. Es schützt die Schwachen. Ein Staat, eine Religion ohne Gesetz wäre unmenschlich. Aber wenn das Gesetz nur in Stein gehauen ist, ist es tot. Es muss in unsere Herzen geschrieben sein, und das bedeutet: Es pulsiert. Es wächst, es entwickelt sich.

Wer lautstark über Werte spricht, darf nicht übersehen, dass es auch den Wert der Toleranz gibt. Dass Barmherzigkeit und Vergebung lebensnotwendig sind für jede menschliche Gemeinschaft. Dass auch Gelassenheit und Humor lebenswichtige Werte sind. Dass die wirkliche, volle Wahrheit nie erkennbar ist ohne Gnade und Liebe. Die Botschaft Jesu ist, wenn man sie in den Evangelien nachliest, immer wieder erstaunlich anders. Sie legt sich quer zur Trivialmoral unserer Zeit. Der christliche Glaube und die christlichen Kirchen haben es zurzeit so schwer, weil sie in die Sackgasse der moralischen Langeweile geraten sind. Ihre Aussagen sind so vorhersehbar – und zugleich so kraftlos. Unter der gleichen Problematik leiden die politischen Parteien, und manchmal ist es schon fast kurios zu beobachten, wie Kirchenführer und Politiker offenbar beschlossen haben, mit erhobenen Zeigefingern und mahnenden Worten gemeinsam unterzugehen.

Eine Pressemeldung lautete: »Der Papst verurteilte in seiner Weihnachtsbotschaft den Hass und setzte sich für den Frieden ein.« Das klingt richtig, aber auch trivial. Vergleichen Sie so einen Satz mit Matthäus 10, 34, formuliert im

Nachrichtendeutsch: »Jesus verurteilte den Glauben an Frieden und betonte die Notwendigkeit des Schwertes.« Eine andere Pressemeldung: »Die Teilnehmer der Konferenz ermahnten dazu, die Armut in Zukunft stärker zu bekämpfen.« Im Vergleich dazu Johannes 12, 8: »Jesus unterstrich in Betanien den Wert der Armut und erteilte dem Wunsch, sie jemals endgültig bekämpfen zu können, eine Absage.«

In der Zeitung stand: »Der Bischof sprach sich gegen Extremismus aus.« Dazu das Neue Testament: »Der 30-jährige Wanderprediger rief dazu auf, ihm auf seinem Weg zu folgen, auch wenn das bedeute, sein Leben dabei zu verlieren.«
Das wirkt so, als hätte sich Jesus – bei allem Ernst – an das berühmte erste Gebot der Unterhaltung gehalten, das der

Filmregisseur Billy Wilder genial einfach formuliert hat: »Du sollst nicht langweilen.« Nein, langweilig und vorhersehbar ist ein Leben in den Spuren Jesu bestimmt nicht. Auf welcher Seite stehst du? Das ist eine oft gestellte Frage, die zu Kriegen führt und zu Familientragödien. Die Frage, die tot macht und nicht lebendig. Der Buchstabe tötet, sagt Jesus, aber der Geist macht lebendig. Auf der einen Seite das Gesetz und die Moral, auf der anderen Gnade und Wahrheit. Sind das Widersprüche? Nein, das ist das Geheimnis des Glaubens und das Geheimnis des Lebens.

Die Schriftgelehrten und Pharisäer brachten
eine Frau zu ihm, die beim Ehebruch
ertappt worden war, und sie sprachen:
Mose hat uns im Gesetz geboten, solche Frauen
zu steinigen. Was sagst du?
Jesus bückte sich und schrieb mit dem Finger
auf die Erde. Und er richtete sich auf
und sprach: Wer unter euch keine Schuld hat,
der werfe den ersten Stein auf sie.
Da gingen sie weg, einer nach dem anderen,
bis Jesus allein blieb mit der Frau.
Er richtete sich auf und fragte sie: Wo sind sie,
Frau? Hat dich niemand verdammt?
Sie sprach: Niemand, Herr. Und Jesus sprach:
So verdamme ich dich auch nicht.
Geh hin und sündige ab jetzt nicht mehr.

Johannes 8, 1–11

## Sünde heißt, Böses zu tun.

# Nein, viel mehr!

Was ist Sünde? Was ist Schuld? Persönliche Schuld ist wie Geldschulden. Sünde bedeutet, das Minus auf dem Konto nicht abzubauen. Sünde ist der Versuch, die Schulden auf jemand anderen abzuwälzen. Aber das Minus muss weg – sich dieser Aufgabe nicht zu stellen macht alles nur schlimmer. Der Theologe Eberhard Jüngel hat es auf einen großartigen kurzen Nenner gebracht: Sünde heißt, sich nicht beschenken zu lassen. Sünde heißt, sein Herz nicht zu öffnen.

Die Menschen wollten die Ehebrecherin steinigen, weil sie sich sicher waren, dass das Gottes Wille sei. Weil sie sich sicher waren, dass zu der menschlichen Schuld, die die Zerstörung einer Ehe bedeutet, auch noch zusätzlich Schulden vor Gott selbst aufgelaufen seien. Sie schleppten die Sünderin nicht zu Jesu Füßen, um die Sünde zu beenden, sondern um die Sünderin zu demütigen. Dazu sagt Jesus nein.

Das ist neu. Jesus lenkt die Aufmerksamkeit vom großen Gesetz des Mose auf das Gesetz im Herzen jedes einzelnen Menschen. Wer keine Schuld hat, der soll ruhig das Gesetz erfüllen. Jesus macht aus der Gerichtsverhandlung mit vielen Klägern und einer Angeklagten eine Gemeinschaft, die Gemeinschaft der Schuldigen und Sünder.

Jesus, heißt es, schrieb mit dem Finger auf die Erde. Ich stelle mir vor, dass er dabei gerechnet hat, so wie die Kaufleute damals den Sand als Notizzettel benutzt haben.

Jesus hat die Schulden der einzelnen Beteiligten aufgeschrieben und gegeneinander aufgerechnet.
»Sündige ab jetzt nicht mehr«, das höre ich so: »Was die Schulden betrifft, die du bei *mir* hast, die erlasse ich dir. Und nun sieh zu, dass du deine anderen Gläubiger bezahlen kannst.«

Ich bin das Licht der Welt.
Wer mir nachfolgt, der wird
nicht wandeln in der Finsternis,
sondern wird das Licht
des Lebens haben.

Johannes 8, 12

## Glaube verträgt keinen Zweifel.

# Oh doch!

Mitten in meinem Studium und dem klaren Ziel, Pfarrer zu werden, brach mir alles unter den Füßen weg. Ist das wirklich mein Weg? Um eine Antwort zu finden, bin ich nach Taizé gefahren, zu einer Retraite, einer Einkehr, zwei Wochen schweigend in einem ganz einfachen Haus. Ich habe gehofft auf eine Gottesbegegnung, und nach ein paar Tagen hatte ich sie tatsächlich. Aber ganz anders als erwartet.

Ich bin einen ganzen Tag lang durch die karge Landschaft von Burgund gewandert, durch fast ausgestorbene Dörfer. In einem stand eine riesige Kathedrale, vollkommen verfallen, ohne Dach! Ich weiß noch, wie ich in der Einsamkeit der menschenleeren Landschaft die Erfahrung der absoluten, ganz großen Leere hatte. Und genau gespürt habe: Diese Leere, das ist Gott. Ohne Worte, ohne Erklärung, ohne Wunder. Ich sah mich wie aus der Ferne. Ich und Gott und Welt waren nicht zu unterscheiden, es war alles leer und alles zugleich erfüllt.

Ich erinnere mich an das sensationelle Gefühl dieses Wechsels vom Dunkel zum Licht. Ich war als Zweifelnder gekommen – doch in diesem Augenblick wurden meine Fragen nicht beantwortet, nein, viel besser: Ich wusste, dass ich sie gar nicht mehr stellen muss. Ich habe den Weg für mich nicht gesehen, nein, viel besser: Plötzlich wusste ich, dass es immer einen Weg für mich geben wird.

Beim Glauben geht es öfter so, dass man zuerst etwas erlebt und erst viel später die Worte findet für das, was da eigentlich passiert ist: Nondual nennt man so ein Erlebnis, weiß ich inzwischen. Lange war mein Glaube dualistisch, immer geprägt von Gegensätzen: Kampf und Angst, Sieg und Niederlage, Vertrauen und Zweifel. So sind wir Menschen eben. Wir müssen uns den Fortschritt erkämpfen, Gegner besiegen und überzeugen, Falsches verurteilen, für das Richtige streiten. Und immer wieder missbrauchen wir dafür Gott.

Ich weiß nicht, wie Gott ist. Aber wie er nicht ist, weiß ich immer besser. Ich kann mir keinen Gott mehr vorstellen, der sich bei einem Streit auf eine Seite schlägt und gegen die andere kämpft. Vor allem dann nicht, wenn eine Seite sagt: Gott ist auf unserer Seite! Gott ist immer größer. Größer als alle unsere Gegensätze.
In diesem Moment der nondualen Erfahrung habe ich erlebt, dass es gleichzeitig mehrere Wahrheiten geben kann. Ich hatte mich mein Leben lang emporgekämpft

von einem zu kleinen Gottesbild zu einem größeren, das sich bald wieder als zu klein herausgestellt hat, und weiter zum nächsten. Aber jetzt weiß ich: Jedes dieser Bilder von Gott hat seine Wahrheit. Jedes ist wirklich Gott. Ich selbst und mein Glaube bestehen aus allen diesen Wahrheiten. Ich sehe das auch daran, wie anders ich im Lauf der Jahre auf meinen verstorbenen Vater schaue. Ich bin jetzt etwa so alt wie er, als er starb. Ich bin mit ihm auf Augenhöhe, auch wenn ich gleichzeitig immer noch sein Kind bin. Recht ähnlich ist unser Verhältnis zu Gott. Es wird erwachsener, immer wieder neu, und größer.

Die Wahrheit wird
euch frei machen.

Johannes 8, 32

# Die Deutschen sind kollektiv schuldig.

## Nein, es ist schlimmer!

Schuld und Schuldenerlass sind etwas sehr Konkretes; allgemeine Bekenntnisse funktionieren genauso wenig wie allgemeine Vergebung. Ich wurde 1953 geboren; ich habe keine Juden verraten, kein KZ geplant. Deswegen reagiere ich allergisch auf allgemeine Richtigkeiten zum Thema Nazizeit. Es macht sich immer gut, an die eigene Brust zu klopfen und sich zur Kollektivschuld des deutschen Volkes zu bekennen oder mahnend die Stimme zu erheben, dass so etwas nie wieder passieren dürfe. Das ist nie verkehrt und kommt immer gut. Es kann aber eine gefährliche Ablenkung sein von konkreter Schuld. Vor allem: Es kostet einen nichts.

Wenn jedoch einer sagt: Mein Großvater hat das Haus eines deportierten Juden sehr billig erwerben können, und von diesem guten wirtschaftlichen Start profitiere ich eigentlich noch heute – das würde mehr kosten. Da würde sich eine ganz konkrete Last von den Herzen der Nachkommen dieses Großvaters lösen, wenn einer von ihnen aufsteht und sagt: Ich spende jetzt eine respektable Summe für ehemalige Nazi-Zwangsarbeiter. Das kostet ihn etwas, aber es macht ihn frei.

Ich glaube, es ist eine wichtige geistliche Aufgabe meiner Generation, die der heute 30- bis 50-Jährigen, endlich, endlich ans Licht zu holen, was im Dunkel war. In fast jeder Familie gibt es dunkle Geheimnisse, aus dem Dritten Reich oder aus anderen Zeiten. Das ist Schuld, die größer ist als man selbst. Das ist Schuld, die gab es, bevor wir geboren wurden. Das sind Lasten, die bedrücken, auch wenn sie keiner mehr zu wissen glaubt. Aber irgendeine Erinnerung findet sich im Familiengedächtnis immer. Ein alter Brief, eine Eintragung in einem Tagebuch oder eine kleine Geschichte, die irgendein Onkel oder sonst ein Verwandter bewahrt hat. Viele offenbaren sich, wenn sie nicht direkt gefragt werden, erst kurz vor ihrem Tod. Im Unterbewussten wirkt die Schuld der Eltern weiter. Aber die Wahrheit macht sie frei – und uns.

Und Jesus sprach:
»Zum Gericht bin ich in diese Welt gekommen, damit die Nichtsehenden sehen und die Sehenden blind werden.«
Dies hörten einige Pharisäer, die bei ihm waren, und sie sagten zu ihm:
»Sind etwa auch wir blind?«
Jesus sprach zu ihnen:
»Wenn ihr blind wäret, so hättet ihr keine Sünde; nun aber sagt ihr:
Wir sehen! So bleibt eure Sünde.«

Johannes 9, 39–41

## Jesus unterscheidet zwischen Gläubigen und Ungläubigen.

## Ungern!

Die berühmte Statue vom »blinden Seher« ist vielen Menschen bekannt: Ein alter Mann tastet sich mit der linken Hand vorsichtig in den Raum vor – die typische Geste eines Blinden. Der andere Arm aber deutet nach vorne, auf ein fernes Ziel hin. Auch die leeren Augenhöhlen des Blinden sind dorthin gerichtet. Sein Gesichtsausdruck verrät deutlich: der Blinde *sieht.*

Was wir mit den Augen sehen, ist laut. Es drängt sich auf und schiebt sich über unsere anderen Sinne. Wer keine Augen hat, nutzt die anderen Sinne: Er riecht doppelt, fühlt doppelt, schmeckt doppelt. Und er entwickelt Wahrnehmungsorgane, von denen der Sehende nichts ahnt. Er schaut hinter die sichtbare Welt. Darum schätzten die alten Kulturen den »blinden Seher« so hoch. Vielleicht können wir heute noch von den Blinden lernen, wo uns die Bilder umfluten und betäuben wie noch nie.

Jesus spricht ungern von »Gläubigen« und »Ungläubigen« oder von »Bekehrten« und »Unbekehrten« – er unterscheidet einfach zwischen Sehenden und Blinden. Damit macht er deutlich: Glauben erfordert keine besonderen Fähigkeiten oder übermenschlichen Anstrengungen. Alles, was dazu nötig ist, ist Offenheit. So wie man die Augen aufmacht und sieht, was vor einem ist, so soll unser Herz, unsere ganze Person offen sein, es geschehen lassen. Das klingt einfach, aber unser Blick ist getrübt von vielerlei Hindernissen, die uns die Sicht versperren. Getönte

Brillen, die uns die Wirklichkeit verzerren. Man nennt das Ideologie, und es gibt kaum etwas, das Jesus so wütend macht, wie solche Denkschablonen: Wenn Menschen nicht auf Menschen sehen, sondern auf ein System, eine Idee, irgendetwas, das wichtiger ist als der Mensch, der gerade vor ihm steht.

Ich bin gekommen,
damit sie das Leben haben
und es in Fülle haben.

Johannes 10, 10

## Gott will, dass wir unser eigenes Ich klein halten.

## Hurra, nein!

Für Luther war der *»in sich selbst gekrümmte Mensch«* der Inbegriff des Sünders, der nur noch sich selbst sieht, dessen ganze Welt aus ihm besteht, der nur fragt, was ihm nützt. Ich habe den Eindruck, dass das größere Problem in unserer Gesellschaft der *nach außen verbogene Mensch* ist. Der sein Selbstgefühl nicht aus sich bezieht, sondern aus der Reaktion der anderen, nicht nein sagen kann. Der aus den Nachrichten erfährt, wie es ihm geht. Oder aus der Beurteilung seines Chefs. Oder aus der Stimmung seines Partners.

Es ist schlimm, wenn ein Mensch sein Ich vergisst. Wenn seine seelische Haut ein Leck bekommen hat, aus dem sein Ich herausläuft. Wenn er auf die Frage »Wie geht's dir?« nicht mehr antworten kann, weil er sich diese Frage abgewöhnt hat. Nein, der nach außen verbogene Mensch ist so ungesund wie der in sich selbst gekrümmte. Es kommt darauf an, stark und aufrecht in sich drin zu stehen. Wir aber haben in einem lebenslangen Prozess gelernt, bestimmte Gefühle zu haben und bestimmte lieber nicht. Wer bin ich wirklich? Ich allein, ohne Beachtung der Menschen um mich herum? Das ist keine harmlose Frage. Gefühle über einen langen Zeitraum zu unterdrücken, sich nicht mehr selbst zu spüren, das ist lebensgefährlich. Manchmal suchen sie sich einen Ort im Körper, an dem sie sich sammeln und wuchern. Der Schweizer Dichter Robert Walser starb an Kehlkopfkrebs, und er hat seiner Krankheit einen treffenden poetischen Namen gegeben: »Die verschluckte Träne« – die Träne, die nicht geweint werden durfte.

Der erste Schritt zu einem gesunden Ich besteht darin, die Träne zu weinen. Das Lachen zu lachen. Sich nicht zu fragen: Darf ich das? Ist das gut für mich? Schadet das meiner Beziehung? Kostet das Geld? Kostet mich das meinen Job? Sondern: Innehalten, bevor die angelernten Mechanismen wieder anlaufen. Nach innen lauschen, auf das eigene Herz hören – und dann das, was man da innen findet, ansehen und mögen und sagen: Ja, das bin ich. Das ist meine Position.

Maria nahm eine Flasche
mit reinem, kostbarem Nardenöl,
goss es Jesus über die Füße
und trocknete diese mit ihrem Haar.
Das ganze Haus duftete nach diesem Öl.
Judas Iskariot, der Jesus später verriet, sagte:
»Warum wurde dieses Öl nicht
für 300 Silberstücke verkauft
und das Geld an die Armen verteilt?«
Jesus sagte: »Lass sie in Ruhe!
Dieses Öl soll gelten für den
Tag meines Begräbnisses.
Denn Arme habt ihr allezeit bei euch.
Mich aber habt ihr nicht allezeit.«

Johannes 12, 1–8

Jesus ist gegen Verschwendung.

## Erstaunlicherweise nicht!

Aus dieser zauberhaften Geschichte aus dem Johannesevangelium entsteht für mich die Idee von einem Sakrament der Verschwendung. Für die Seele ist Mittelmaß sinnlos, sie will immer weiter, höher, umfassender werden. So wie Gott auch. »Der Grund, weshalb wir Gott lieben sollen, ist ganz einfach Gott. Und das rechte Maß ist die Maßlosigkeit«, sagt Bernhard von Clairvaux. Maria aus Betanien ist, als Jesus zum Essen kam, in die Gegenwart Gottes gekommen. Da hat sie das menschliche Maß überschritten, so wie es dem Göttlichen angemessen ist. Es gehört zur Weisheit Jesu, dass er das sofort versteht und ihre Seele ermuntert, auf dem Weg der Größe zu bleiben.

Zum Sakrament der Verschwendung gehört offenbar von Anfang an, dass sich einer darüber beschwert. Einer, der ganz schrecklich vernünftig argumentiert: Was hätte man mit dem Geld nicht alles Gutes tun können!

Und dann gehört zu diesem Sakrament einer, der die Rolle Jesu übernimmt und wie er sagt: »Schluss. Heute wird gefeiert! Das machen wir ja nicht jeden Tag. Aber heute ist ein besonderer Tag. Das Elend, die Armut, das werdet ihr nie ganz verschwinden lassen können. Lasst uns nicht erst feiern, wenn die Armut besiegt und alle Wunden verheilt sind. Lasst uns jetzt, in diesem besonderen, heiligen Augenblick feiern! Lasst auch die Armen und die Verwundeten dabei sein!«

So ein wenig in die Nähe eines Sakraments der Verschwendung kommen wir in der Kirche, wenn wir Orgeln bauen – das größte und teuerste Musikinstrument, das es gibt. Ich war immer fasziniert von Orgeln, aber nur von großen, wirklich großen. Ich finde, dass längst nicht jedes Kirchengebäude eine Orgel braucht. Aber ab und zu, da sollte man schon zusammenlegen und sich so ein verschwenderisch ausgestattetes Gerät leisten. Gott ist groß, und die Musik für ihn darf auch ab und zu einmal wirklich groß sein.

Auch ein Kirchengebäude darf groß sein, ein Gottesdienst übervoll, Kirchentage riesig, Gospelkonzerte bombastisch, unser Lobgesang laut, unsere Feste prachtvoll. Nicht immer und überall, aber wenn die verschwenderische Seite Gottes einmal in uns Menschen anklingt, dann dürfen wir ohne schlechtes Gewissen auf sein Wohl das Glas erheben. Wir haben einen grandiosen Schöpfer!

Ich bin der Weg,
die Wahrheit und das Leben.
Niemand kommt zum Vater
außer durch mich.

Johannes 14, 6

# Wer nicht an Jesus glaubt, landet in der ewigen Verdammnis.

## Hoffentlich nicht!

Werden Nichtchristen am Ende der Zeiten in die ewige Finsternis kommen? Ich staune immer wieder, wie verschieden die Meinungen unter Christen dazu sind.

Die einen denken an das Wort Jesu über Weg, Wahrheit und Leben. Für sie ist es unvorstellbar, dass Menschen auf anderen Wegen zu einem lebendigen Verhältnis zu Gott kommen können. Sie empfinden diese Ausschließlichkeit als innersten Kern des christlichen Glaubens. Sie kämen sich treulos vor, würden sie auch nur einen Millimeter von dieser Position abrücken.

Daneben treffe ich Christinnen und Christen, die genauso glühend davon überzeugt sind, dass es viele verschiedene Wege zu Gott geben müsse. Sie erzählen, wie sie einem aus tiefstem Herzen gläubigen Buddhisten begegnet seien, dass ihnen alle Bekehrungsversuche im Hals stecken geblieben seien. Oder sie erleben die Frömmigkeit einer muslimischen Großfamilie. Sie können sich nicht vorstellen, dass am Ende der Zeiten diese Menschen in der ewigen Verdammnis landen werden – nur weil sie mit einer anderen Religion zur Welt gekommen sind. Sie können nicht glauben, dass Gott Menschen nach ihrem Glauben endgültig aussortiert. Damit wäre er ja unbarmherziger als wir.

Ich liebe das moderne Gleichnis vom riesigen Berg, um den herum die verschiedenen Religionen in verschiedenen

Städten leben. Der Berg ist Gott, das Ewige, die Unendlichkeit, der Unbeschreibliche. Am Anfang leben all die Glaubensgemeinschaften in sicherem Abstand. Doch irgendwann wagen es einige, den Berg zu besteigen. Je näher sie dem Gipfel kommen, umso dünner wird die Luft, umso atemberaubender die Aussicht. Hier oben kommen sie sich auch gegenseitig näher. Sie entdecken überrascht, dass sie einander verstehen können, trotz ihrer unterschiedlichen Sprachen und Kulturen. Denn sie hören nicht mehr mit den Ohren, sondern – in der endlosen Stille der großen Höhe – mit dem Herzen. Beim Blick vom Berg zurück in die Ebene sehen sie, dass alle ihre Heimatstädte, ihre vertrauten Religionen, ein sinnvolles,

wundervolles Muster bilden. Von hier oben wird ihnen klar, wie unsinnig die Kämpfe der einzelnen Religionen gegeneinander gewesen waren.
Es gibt noch eine weitere Überraschung. Der Berg hat keinen Gipfel. Alle hatten gehofft, die Spitze zu erreichen. Aber die liegt in ewigem Nebel und ist unzugänglich, umgeben von tosenden Stürmen. Sie gehen trotzdem weiter. Manchmal kommt es ihnen vor, als ob der Berg mit jedem Aufstieg weiter wachse. Sie erkennen, dass der Berg, den sie seit Urzeiten verehrt, gefürchtet und geliebt hatten, eigentlich gar kein Berg ist. Er ist ein lebendiges Wesen, ihnen viel ähnlicher, als sie jemals geahnt hatten.

Ich will den Vater bitten,
und er wird euch einen
anderen Tröster geben,
damit der bei euch sei in Ewigkeit:
den Geist der Wahrheit.

Johannes 15, 16–17

# Einsame Menschen brauchen Aufmunterung.

## Nein, bitte nicht!

Wie tröstet man richtig? Im Lateinischen heißt »trösten« »consolatio«, wörtlich übersetzt »Mit-Einsamkeit«. Wer Trost braucht, ist allein gelassen mit seinem Schmerz und seiner Not. Ein kräftiger Klaps auf die Schulter hilft ihm nicht. Sogenannte aufmunternde Worte sind hier meist schrecklich fehl am Platze: So, Ende der Einsamkeit, jetzt bin ich da! Nein. Wer allein ist mit seinem Schmerz, der braucht jemanden, der mit ihm zusammen einsam ist, der die Trauer und das Elend mit aushält. Jemand, der leise eintritt in das Haus der Trauer, ohne dort sofort aufzuräumen und zu lüften.

Das kann man gut sehen, wenn man ein Kind tröstet: Man braucht es nur in den Arm nehmen und sagen: »Ich bin da.« Man darf sich nicht abweisen lassen, man sollte sich aber auch nicht zu sehr einlassen auf die Tränen. Wer mit in den Untiefen des Trostsuchenden untergeht, kann nicht mehr helfen. Helfen kann nur, wer selbst noch festen Boden hat.

Trost ist weniger eine Handlung als vielmehr eine Haltung. Es ist nicht noch eine Aktion, sondern endlich einmal keine Aktion mehr. Wer einen anderen trösten will, der braucht einen Moment der Sammlung, des Zu-sich-selbst-Findens. Trösten heißt nicht: dem anderen ein Lied vorsingen, sondern: wie ein Instrument werden, auf dem Gott seine Melodie spielt. So gesehen ist Trost eigentlich ganz einfach. Was dazu nötig ist, könnte man Gebetsat-

mosphäre nennen. Sie entsteht, wenn ich den Trostsuchenden nicht nur sympathisch oder unsympathisch finde, sondern etwas von der »heiligen Idee« erfasse, die Gott für ihn hat. Diese Idee Gottes schwebt wie ein unsichtbarer Hauch um den Trostsuchenden herum. Es ist schwierig, sie zu sehen, aber im Augenblick der Trauer und des schmerzlichen Alleinseins ist sie ein wenig leichter wahrzunehmen als sonst.

Dieser Hauch ist eng verbunden mit dem, was Jesus mit dem »Geist« meint, den er uns zurücklässt. Den Geist, den er den »anderen Tröster« nennt. Ein Hauch, der uns umschließt wie die Luft, die wir atmen. Wer Trost braucht,

kommt sich bruchstückhaft vor, unvollständig, in einzelne, nicht zueinander passende Teile zerlegt. Was er im Augenblick der Trostlosigkeit so bitter vermisst, ist die Ganzheit. Die erschafft der Geist der Wahrheit. Er umhüllt uns, hebt uns aus dem Chaos der Zerrissenheit. Der Geist der Wahrheit heilt und ist echter Trost.
Solcher Trost verwandelt die Trauer und den Schmerz. Getröstete Trauer lähmt nicht mehr, sondern führt einen in das Geheimnis des eigenen Seins und in das Geheimnis Jesu Christi. Getröstete Trauer ist der Weg in die Freiheit, der Weg in eine verwandelte Welt.

Wie mich der Vater liebte,
so liebe ich auch euch.
Bleibt in meiner Liebe!
Wenn ihr meine Gebote haltet,
bleibt ihr in meiner Liebe,
so wie auch ich meines Vaters Gebote
gehalten habe und in seiner Liebe bleibe.
Dies habe ich zu euch gesagt,
dass meine Freude in euch sei
und eure Freude vollkommen werde.
Das ist mein Gebot, dass ihr einander liebt,
wie ich euch geliebt habe.
Eine größere Liebe hat niemand als die,
dass er sein Leben hingibt für seine Freunde.

Johannes 15, 9–13

## Jesus starb den Opfertod, um Gott zu versöhnen.

# Ein schrecklicher Irrglaube!

Der Tod Jesu muss für seine Freunde und Jünger ein schockierendes Ereignis gewesen sein. Hat sich Jesus für seine Freunde geopfert, dadurch Gott und Mensch versöhnt? Dieser Erklärungsversuch ist teuer erkauft, denn er verzerrt das Bild Gottes: ein Gott, der voller Zorn auf die Menschen ist und mit einem blutigen Menschenopfer ruhiggestellt werden muss. Nein, so kann der Gott nicht sein, der Mensch geworden ist!

Ich sehe die Propheten neben der Hinrichtungsstätte in Golgatha stehen und sagen: »So spricht der Herr: Ich habe keinen Gefallen am Opfer. Auch an diesem nicht. Ich, der Vater meines geliebten Sohnes, bin kein blutrünstiger, rachsüchtiger, menschenfeindlicher Gott. Ich bin kein Gott des Opfers, sondern der Liebe.« Das Opfer verändert Gott nicht. Das gilt auch für die Kreuzigung Christi. Gott war auch schon vor dem vermeintlichen Menschenopfer Jesu ein gnädiger Gott. Er hat ganz und gar keinen Gefallen am Tod Jesu. Im Gegenteil, er leidet furchtbar daran. Es schmerzt und quält ihn. Und – er handelt. Am dritten Tag besiegt er den Tod. Das Leben ist stärker als das Opfer. Das ist für mich die tiefste Kraft des christlichen Glaubens.

Christus hat uns aus der Opferrolle befreit, befreit zum Handeln. Jesus starb, weil er so verbunden war mit seinem Vater. Jesus hat sich mit ihm an den schwärzesten Punkt des Menschseins begeben: von Gott und von allen

Menschen verlassen, verloren und gefoltert, in schrecklichster Einsamkeit. Weil er die Menschen geliebt hat, wollte er ihnen auch dorthin folgen. Sein Tod war die Konsequenz seiner Liebe. Das ist ein fundamentaler Unterschied: Liebe statt Opfer.
Viele von Ihnen werden das berühmte Gebet von Friedrich Christoph Oetinger kennen, das so beginnt: »Gib mir die Gelassenheit, Dinge hinzunehmen, die ich nicht ändern kann.« Ich möchte es so abwandeln: »Herr, gib mir die Kraft, die Leiden zu ertragen, die ich ertragen muss. Gib mir den Mut, die Leiden zu lassen, die ich lassen kann. Und gib mir die Weisheit, das eine vom anderen zu unterscheiden. Amen.«

Ich nenne euch nicht mehr Knechte;
denn der Knecht weiß nicht,
was sein Herr tut;
euch aber habe ich Freunde genannt,
weil ich alles, was ich von meinem
Vater hörte, euch kundgetan habe.

Johannes 15, 15

## Ohne Kirche haben wir keinen Zugang zu Gott.

## *Gott sei Dank nein!*

Ich will so bleiben, wie ich bin.« »Weil ich es mir wert bin.« Wir leben im Zeitalter des »Ich«, des Individualismus, und wenn dieser Satz in einer Predigt gesagt wird, dann meist mit einem Seufzer. »Ich« und »Individualismus«, das klingt für manche so, als wäre es Egoismus pur, das Gegenteil von »Nächstenliebe«. Ich denke, das stimmt nicht. Ihr Ich, Ihr Individualismus, das ist ein großes, kostbares Geschenk. Es ist die Voraussetzung, um lieben zu können. Heute zählt der Einzelne so viel wie noch nie zuvor in der Geschichte der Menschheit. Wir haben in den Menschenrechten formuliert, dass kein Mensch wertvoller ist als ein anderer. Dass jeder Mensch seine eigene Würde hat, die es als höchstes Gut zu schützen gilt. Nicht erst im 20. Jahrhundert hat das begonnen, das Zeitalter des Individualismus, des Ich-Bewusstseins und der Selbstverantwortung. Die Grundidee dafür ist verborgen im Kern des christlichen Glaubens. Im Alten Testament wird berichtet, wie sich Gott sein Volk erwählt, es bestraft, errettet, wieder straft und wieder rettet, immer wieder. Im Neuen Testament findet eine Revolution im religiösen Weltbild statt: Gott erwählt sich nicht ein *Volk,* sondern Jesus, einen einzelnen *Menschen*. Das ist die Keimzelle des modernen Ich-Bewusstseins.

Jesus hatte unmittelbaren Kontakt zu Gott. »Vater« hat er zu ihm gesagt. Und diesen unmittelbaren Kontakt hat er für jeden Menschen geöffnet: »So nun sollt ihr beten:

Unser Vater …« Da braucht es keine Vermittler mehr, keine Priester, keinen Tempel. Jeder Mensch hat unmittelbaren Zugang zu Gott. Natürlich ist es gut, wenn man auch in Gemeinschaft betet, wenn man sich trifft, Gottesdienste feiert, sich gegenseitig stützt und trägt. Aber im Kern unseres Glaubens stehen wir höchstpersönlich in intimster Verbindung mit dem, der uns geschaffen hat.

Ich habe die Herrlichkeit,
die du mir gabst, ihnen gegeben,
damit sie eins seien, wie wir eins sind:
Ich in ihnen und du in mir, auf dass sie
vollkommen seien in Einheit
und die Welt erkenne,
dass du mich gesandt hast
und sie geliebt hast,
wie du mich geliebt hast.

Johannes 17, 22–23

## Um Gott zu finden, muss mein Ich sterben.

## Irrtum!

Die tiefste Erfahrung des eigenen Ich findet statt in der Begeisterung, Verzückung, der Bewunderung von Schönheit, im innigsten Gefühl, in der Ekstase, auch im Orgasmus. Sie geschieht im Innersten, Eigensten, aber sie umfasst mehr. Sie ist ein Gefühl der Verschmelzung von Ich und Du, von Ich und der ganzen Welt. Es kann dieses Verschmelzungserlebnis geben bei meiner ureigensten Leidenschaft, und wahrscheinlich ist dieses Erlebnis auch ihr tiefster Sinn. Es kann geschehen beim Anhören von Musik, beim Tanzen, beim Sex, bei einem Film, beim Lesen, in der Kirche oder beim Gebet. Es rührt einen zu Tränen, es überkommt einen, es ist herrlich und nicht zu verhindern.

Dieses Verschmelzungsgefühl lässt sich häufig lokalisieren: mitten auf der Brust, etwa auf der Höhe des Herzens. Es ist genau der Punkt, auf den wir mit der Hand deuten, wenn wir »ich« sagen. Und genau an diesem Punkt fühlen wir das *Du*. Wenn man ganz bei sich ist, entdeckt man das Wunder: In tiefster Seele muss man sein Ego nicht festhalten. Wir sind gemacht, um uns hinzugeben. Und alle kleinen Hingaben sind nur der Vorgeschmack der großen Hingabe, die Gott uns zudenkt.

Ich erinnere mich an ein Werbeplakat für Kosmetik. Es war eine gutaussehende Frau abgebildet, und darunter stand groß der Satz: »Der Mittelpunkt in meinem Leben: Ich!« Ein frommer Witzbold hatte das I von »ich« mit einem Filzschreiber zu dem Wort »Iesus« ergänzt und das »ch« zu dem Wort »Christus«. Ein alter Kalauer aus der Szene der missionarischen Christen, aber ein sympathischer. Dass das Wort »Ich« eine Abkürzung ist für Jesus Christus, das heißt für mich: Ganz in der Mitte vom Ich ist das Du. Gott ist nicht weit draußen. Er ist hier, ganz in der Nähe. Ja, er ist mir näher, als ich mir selbst jemals kommen kann.

Da wandte sie sich um und sieht Jesus stehen und weiß nicht, dass es Jesus ist. Da spricht Jesus zu ihr: »Frau, was weinst du? Wen suchst du?« Sie meint, es sei der Gärtner, und spricht zu ihm: »Herr, hast du ihn weggetragen, so sage mir, wo du ihn hingelegt hast, so will ich ihn holen.« Da spricht Jesus zu ihr: »Maria!« Da wandte sie sich um und spricht zu ihm auf Hebräisch: »Rabbuni!«, das heißt: »Meister!« Spricht Jesus zu ihr: »Rühr mich nicht an, denn ich bin noch nicht zurückgekehrt zum Vater.«

Johannes 20, 14–17

## Wer Gott anschaut, muss sterben.

## Ab sofort nicht mehr!

Diese Erzählung enthält ein sensationelles Detail: das Umdrehen. Maria Magdalena, so heißt es am Anfang, hatte draußen vor dem Grab gestanden, geweint und in die Grabkammer hineingeschaut. Wo vorher der Leichnam Jesu hingelegt worden war, hatte sie zwei Engel sitzen sehen. Jetzt aber war die Stelle leer. Danach dreht sie sich um und sieht jemanden. Weil Grabkammern nach Osten zeigen, schaut Maria gegen die aufgehende Sonne, sieht die Gestalt also nur als Umriss. Diese Gestalt fragt sie, genau wie vorher die Engel, und Maria erzählt von ihrem Kummer.

Dann hat sie das große Aha-Erlebnis. Es entsteht durch ein einziges Wort: »Maria«. Sie wird beim Namen gerufen. Dann kann es nicht der Gärtner sein. Dann muss es Jesus sein! Vermutlich erkennt sie seine Stimme. Bilder aus der Vergangenheit werden wach. So hat er sie immer gerufen. Vielleicht erinnert sie sich an den herrlichen Duft des Öls, mit dem er sie vor gar nicht langer Zeit verwöhnt hatte. Maria Magdalena aber reagiert eigenartig: Sie dreht sich nochmals um, wendet sich also von Jesus ab. Warum?

Jeder Jude wusste: Wer Gott sieht, muss sterben. Als Mose, Elia, Jesaja und viele andere in der Nähe Gottes waren, verhüllten sie ihr Angesicht. Maria Magdalena erkennt, wer Jesus wirklich ist: Gott selbst. Deshalb wendet sie sich ab. Keiner hat Gott je gesehen. Jesus nach seinem Tod ist ein anderer. Es ist ein unendlicher Unterschied,

der zwischen Mensch und Gott. Magdalena erschrickt. Rückwirkend wird ihr klar, wer er die ganze Zeit schon war. Eine Umwälzung von unvorstellbarem Ausmaß. Die Liebe einer Frau erweitert sich vom Menschlichen ins Göttliche, vom Endlichen ins Universale.
»Rühr mich nicht an«, sagt Jesus. Eine Woche später wird er zu seinem Jünger Thomas das Gegenteil sagen: »Reiche deinen Finger her!« Aber dann wird er einen bemerkenswerten Rückzieher machen: »Selig sind, die nicht sehen und doch glauben.« Man könnte sagen: Selig sind, die sich abwenden von dem Göttlichen, die ihr Angesicht verhüllen, die den unendlichen Unterschied zwischen Mensch und Gott nicht verwischen wollen. Die sich freuen am Göttlichen in jedem Menschen. Die jubeln können über die göttliche Dimension jeder Liebe. Selig sind, die sich freuen können über den schönen alten Sponti-Spruch: »Mach's wie Gott, werde Mensch!« Und die wissen, dass das Gegenteil ebenso wahr ist, dass Gott uns verwandeln will in Wesen, die ihm gleichen und sonst niemandem.

Da wurde Jesus vor ihren Augen emporgehoben, und eine Wolke nahm ihn auf und entzog ihn ihren Blicken. Während sie unverwandt ihm nach zum Himmel hinaufschauten, standen plötzlich zwei Männer in weißen Gewändern bei ihnen und sagten: »Ihr Männer aus Galiläa, was steht ihr da und schaut hinauf zum Himmel? Dieser Jesus, der von euch ging und in den Himmel aufgenommen wurde, wird ebenso wiederkommen, wie ihr ihn habt zum Himmel hinaufgehen sehen.«

Apostelgeschichte 1, 9–11

## Die Himmelfahrt ist symbolisch gemeint.

## Nein, anders.

Bei diesem Bericht ist die Versuchung groß, sie nicht als Tatsachenbericht zu verstehen, sondern als Symbol. Doch wer so denkt, der verkennt, dass ein Symbol niemals eine Tatsache ersetzt. Sondern dass im Gegenteil das Symbolische zu einer Tatsache dazukommt. Es wertet die bloße Tatsache auf, es macht sie zu einem Eingang in die Tiefe, zu einem Tor in die Geheimnisse Gottes.

Ich stelle mir die Himmelfahrt Christi deshalb zunächst als Tatsache vor. Ich reihe mich ein in den Kreis der Jünger, die vor den Toren der Stadt Jerusalem bei dem Dörfchen Betanien auf einem Hügel stehen und zusehen, wie ihr Rabbi vom Boden abhebt und aufgenommen wird in einer Wolke. Ich blicke nach oben. Aber dort gibt es nichts mehr zu sehen. Jesus ist weg.

Nie waren wir der Himmelfahrt näher als jetzt. Wie viele Generationen haben vom Wunder des Fliegens geträumt, und seit gerade einmal drei Generationen ist es möglich, für jeden in unserem Land erschwinglich erst in unserer Generation. Wir haben uns verblüffend schnell daran gewöhnt und empfinden das Wunderbare gerade einmal einen kurzen Augenblick lang, wenn wir beim Start in einem Flugzeug sitzen. In den Kindheitstagen der Menschheit waren es die Priester, die die Visionen vom Reisen in der Luft wachhielten, und möglicherweise gab es in Südamerika sogar Heißluftballons, die zu kultischen Zwecken genutzt wurden. Fliegen, das hieß »Sein wie die

Götter«. Sich erheben, sich Gott nähern ist die Sehnsucht unserer Seele: leicht und frei sein, getragen werden von der Luft, im Sonnenlicht Gottes.

Dann aber, als der alte Traum endlich Realität wurde, zog sich die Religion davon zurück. Kaum ein Wort über die religiöse Dimension und die symbolische Kraft des Fliegens. Stattdessen schlugen sich die Priester und Pfarrer lieber auf die Seite der Warner und Kritiker. Ob es nicht Frevel wäre, sich in die Luft zu erheben. Was man mit all dem Geld nicht Sinnvolleres hätte anstellen können. Schade. Etwas mehr Träumen und Staunen, Verwunderung und Dankbarkeit könnten wir schon vertragen, wenn wir uns in die Lüfte erheben und die Welt bereisen oder das Weltall erobern.

Dabei ist genau das die Bedeutung seiner Himmelfahrt: Dieser Mensch, der da unter uns war und uns nahekam, wie uns keiner bisher nahekam, der ist eben nicht bloß ein Mensch, sondern der größte Herrscher, den wir uns vorstellen können. Ja, noch mehr als das: Christus, der menschgewordene Gott, ist nicht nur der Beherrscher des Alls. Er ist selbst das All. Und selbst das reicht noch nicht. Er geht darüber hinaus. Er war schon da, als es das Weltall noch gar nicht gab, und er wird da sein, wenn das All nicht mehr ist.

Petrus und Johannes gingen
um die neunte Stunde zum
Gebet in den Tempel hinauf.
Da wurde ein Mann herbeigetragen,
der von Geburt an gelähmt war.
Als er nun Petrus und Johannes
in den Tempel gehen sah,
bat er sie um ein Almosen.
Petrus aber sagte:
»Silber und Gold besitze ich nicht.
Doch was ich habe, das gebe ich dir:
Im Namen Jesu Christi von Nazareth,
geh umher!«

Apostelgeschichte 3, 1–6

# Wunderheilungen gab es nur bei Jesus.

## Falsch!

Petrus war zusammen mit Johannes auf dem Weg in den Tempel gewesen, um dort wie jeden Tag gemeinsam mit den anderen ersten Christen um drei Uhr nachmittags zu beten – die erste Gemeinde bestand ja aus lauter Juden. Als die beiden vor dem Tor einen bettelnden, von Geburt an lahmen Mann sehen, da bittet Petrus zunächst um Verständnis, dass er von ihnen keine Spende erwarten dürfe. Immerhin haben die beiden gerade eben, so wird berichtet, ihre gesamte Habe verkauft. Gold und Silber hat er nicht, aber was er hat, das gibt er gern, und das ist die Kraft des Glaubens an den Auferstandenen. So befiehlt er dem Behinderten, »im Namen Jesu Christi« aufzustehen und herumzulaufen.

Das Detail mit dem Namen Jesu ist wichtig, denn Petrus will kein Wundertäter sein oder gar ein neuer Messias. Als der Geheilte auf festen Knöcheln durch die Salomohalle des Tempels tanzt, setzt Petrus zu einer großen Rede an. Er wirbt um die versammelten Juden. Er beginnt beim Gott der Väter, dem Gott Abrahams, Isaaks und Jakobs. Er berichtet, wie dieser Gott seinen Knecht Jesus von den Toten auferweckt hat. Und er macht klar: Für euch, das auserwählte Volk, hat Gott all das gemacht. Nun seid ihr dran!

Übersetzen wir das einmal in unsere leeren Hände: Wir haben oft nicht die Mittel, selbst das Elend in unserer nächsten Umgebung zu beenden. Und selbst dann, wenn wir Geld im Überfluss hätten, ist Geld oft nicht das, was entscheidend hilft. Petrus zeigt, was gefordert sein könnte und was wirklich Wunder wirkt: seelische Kraftübertragung. Den anderen erzählen, woraus wir leben, was uns all die Jahre gehalten und getragen hat, worauf wir hoffen – und es ansonsten Gott überlassen, dass er in dem Menschen, der uns Hände und Herz hinhält, etwas bewirkt.

Am Sabbat gingen wir zum Tor hinaus
an den Fluss, wo wir ein Bethaus vermuteten;
wir setzten uns und redeten zu den Frauen,
die zusammengekommen waren.
Eine gottesfürchtige Frau mit Namen Lydia,
eine Purpurhändlerin aus der Stadt Thyatira,
hörte zu, und der Herr öffnete ihr das Herz …
»Wenn ihr mich für zuverlässig haltet
vor dem Herrn, so kommt in mein Haus
und bleibt.« Und sie drängte uns.

Apostelgeschichte 16, 13–15

## Das Evangelium breitete sich unter den Armen aus.

## Nicht nur!

Der erste Christ in Europa ist eine Frau: Lydia. Und die Berufssparte der ersten europäischen Christin war die Modebranche. Lydia handelte mit Purpur, jenem wertvollen roten Farbstoff für Luxustextilien, der auf mühsame Weise aus Schnecken gewonnen wurde. Die Frau ist offenbar nach der Landschaft Lydien benannt, in der ihre Heimatstadt Thyatira liegt (in der heutigen Westtürkei). Nun aber lebt Lydia auf der anderen Seite des Bosporus, in der römischen Kolonie Philippi, damals und heute griechisch und unzweifelhaft europäisch. Für Paulus und Silas eine ungewohnte Welt, in der es nicht einmal eine Synagoge gibt. So setzen sich die beiden Botschafter Christi am Sabbat an den Fluss, weil sie hoffen, dass hier ein paar Juden zusammenkommen.

Sie treffen auf einige Frauen, die dem jüdischen Glauben nahestehen – unter ihnen diese Lydia. Sie lässt sich taufen, nach alter Sitte mit ihrer ganzen Familie – vermutlich auch inklusive ihres Ehemanns, obwohl das nicht ausdrücklich vermerkt ist. Dass sie eine große Villa hat, erweist sich als guter Start für den neuen Glauben, denn die ersten Christen treffen sich in Privathäusern zum Gottesdienst. Das erste in Europa ist bestimmt reichlich mit roten Vorhängen ausgestattet, der Farbe des Heiligen Geistes.

Gastfreundschaft ist eine der ältesten Qualitäten des Christentums: aufmachen, hereinlassen, es schön für die

Gäste herrichten, ihnen Freude bereiten, einen Ort des Austauschs schaffen, miteinander reden, reicher geworden wieder auseinandergehen – das sind die einfachen Ingredienzien, damit sich zwischen Menschen die neue Hoffnung entfalten kann. Das Christliche als ein Raum, in dem man Heimat findet und miteinander wächst – was für eine wunderbare Religion!

Auch die Schöpfung soll
von der Sklaverei und Verlorenheit
befreit werden zur Freiheit
und Herrlichkeit der Kinder Gottes.
Denn wir wissen,
dass die gesamte Schöpfung
bis zum heutigen Tag seufzt
und in Geburtswehen liegt …
Denn wir sind gerettet,
doch in der Hoffnung.

Römer 8, 21–24

# Eine Sucht führt einen von Gott weg.

## Nicht unbedingt!

In fast allen Menschen gibt es dunkle Leidenschaften – zerstörerisch, übermächtig, alles beherrschend. Oft wachsen sie zu einer besessenen Sucht an. Solche Leidenschaften sind Erfahrungen an der Grenze. Leben und Tod liegen dort nahe beieinander. Jede Leidenschaft hat begonnen als guter Freund. Alkohol ist am Anfang eine Erweiterung der eigenen Möglichkeiten. Ähnlich ist es mit dem Rauchen, mit einem Hobby, einer Sportart, einer erotischen Vorliebe. Jede Leidenschaft kann umschlagen. Die gute Vorliebe, die das Ich versorgt und das Leben bereichert, beginnt dann sich gegen das Ich zu wenden. Dann erweitert sie nicht mehr die eigenen Möglichkeiten, sondern schränkt sie ein.
Aber auch eine dunkle Leidenschaft, eine Sucht, enthält immer noch eine liebevolle Nachricht Gottes. Sie enthält ein Symbol für seine ausgestreckte Hand. Jede Sucht ist eine Suche. Eine Suche nach dem großen, dem ganzen, dem vollen Leben, der Liebe, der Wahrheit. Bei einer Leidenschaft, die zur Sucht geworden ist, wage ich nicht mehr, sie anzusehen. Ich schäme mich und drehe mich weg. Ich tue es heimlich und würde es am liebsten sogar vor mir selbst verheimlichen. Ich will es nicht wahrhaben. Der Rückweg von der Sucht (die mein Ich zerstört) wieder hin zur Leidenschaft (die mein Ich versorgt) beginnt mit dem Hinsehen, dem Anschauen, dem Darüber-Reden, dem mutigen Mich-Hinstellen, dem Mich-nicht-mehr-dafür-Schämen. Und dann kann es sein, dass meine

Sucht sich wieder zurückverwandelt von einem Dämon in einen guten Geist, einen Boten, einen Engel. Dann kann es sein, dass er zurückschrumpft auf seine wahre Dimension, seine meist lächerlich kleine ursprüngliche Größe. Dann kann es sein, dass ich seine Botschaft behalte, ihn selbst aber nicht mehr brauche. Denn: *Was wir bekämpfen, bleibt. Was wir loslassen, geht*. Der Kampf *gegen* etwas kann so viel Kraft kosten, dass das Leben dabei auf der Strecke bleibt. Die Liebe *zu* etwas schenkt Energie.

Ein ehemaliger Alkoholiker hat es mir so erklärt: Ich bin dem Alkohol dankbar, sagt er, auch wenn ich jetzt keinen Tropfen mehr davon anrühre. Er war für mich ein großes Seminar. Er hat mich auf einem manchmal schrecklichen, schwierigen Weg zu dem tiefen, vollen Leben geführt, das ich jetzt lebe, auch wenn es von außen eher unscheinbar aussieht. Ich habe immer gespürt, dass Gott mich an der Hand hält, und er hat immer zu mir gesagt: Geh! Ein Weg entsteht, indem du ihn gehst.

Bleibt niemand etwas schuldig nur
die Liebe schuldet ihr einander immer.
Wer den andern liebt,
hat das Gesetz erfüllt …
Die Liebe tut dem Nächsten
nichts Böses.
Also ist die Liebe die
Erfüllung des Gesetzes.

Römer 13, 8–10

## Wer schuldig ist, sollte gebeugt nach unten schauen.

### Oh nein!

Als ich in der Bibel nach einem Bild für »Schuld« suchte, entdeckte ich, dass Jesus sie mit *Geldschulden* verglich. Fragen wir doch einmal die Banker, wie man damit fertigwird: Ein Rat der Profis ist die 2-Berge-Regel. Wer hohe Schulden hat, sollte nicht jeden Pfennig für Zins und Tilgung ausgeben, sondern unbedingt etwas ansparen, um neben dem Berg der Schulden ein Vermögen aufzubauen. Das klingt wie blanker Hohn, aber es ist der einzige Weg. Sprechen Sie mit allen Gläubigern, so lautet der Profi-Rat, und handeln Sie alle Abzahlungen so weit wie möglich herunter! Arbeiten Sie gleichzeitig mit aller Kraft, steigern Sie Ihre Einnahmen, nehmen Sie zusätzliche Arbeit an, damit der Guthabenberg durch Einzahlungen und Zinsen wächst – bis eines Tages beide Berge gleich hoch sind und Sie den Schuldenberg mit einem Schlag abbezahlen können.

Übertragen auf persönliche Schuld heißt das: Lassen Sie nicht zu, dass Ihr Leben von Ihren Belastungen bestimmt wird. Sehen Sie nach vorn. Es gibt bei jedem Menschen diese Dinge, die einem über den Kopf wachsen – ob Sie nun Schuld dazu sagen oder nicht. Dinge, die immer wieder die Gedanken bestimmen und das freie Leben verhindern. Sie können die Last der Vergangenheit – woher sie auch immer kommt – nicht durch bloßen Willen abbauen. Es ist auch zwecklos, nicht hinzuschauen, sie zu verdrängen.

Sie können den Berg mit den Lasten der Vergangenheit nur bewältigen, indem Sie einen schönen Berg mit den Gaben der Gegenwart anhäufen. Indem Sie dankbar sind für das, was Sie haben. Wer seinen inneren Reichtum entdeckt, kann davon abgeben und so Schuld abtragen. Wenn Sie einem anderen Menschen etwas schuldig sind, können Sie für einen Ausgleich sorgen. Auch wenn es lange zurückliegt. Sogar wenn die betreffende Person schon tot ist. Indem Sie etwas Gutes tun im Andenken an diesen Menschen, können Sie das Gleichgewicht wiederherstellen. Wir sind verbunden durch den großen Strom des Lebens. Was wir dort hineinfließen lassen an Liebe und Mitgefühl, das geht nicht verloren. Wir leben nicht nur von dem, was unsere Familien für uns tun, sondern wir leben auch von der guten Energie vieler, vieler anderer Menschen.

Wenn ich mit den Zungen der
Menschen und der Engel rede,
doch Liebe nicht habe,
bin ich ein tönernes Metall
oder eine klingende Schelle.
Und wenn ich Prophetengabe
besitze und um alle Geheimnisse
weiß und alle Erkenntnis
und wenn ich allen Glauben habe,
dass ich Berge versetze,
doch Liebe nicht habe,
so bin ich nichts.

1. Korinther 13, 1–3

## Die Christen müssten begeisterter sein.

## Nein, keine Lösung!

Liebe zu Gott ist das Herz unseres Glaubens, die Innenseite des Evangeliums. Ohne sie braucht man sich nicht Christ zu nennen. Christsein ist: begeistert sein von Gott. Von ganzem Herzen, von ganzer Seele, von ganzem Gemüt und mit allen Kräften. Bei der Liebe gibt es Verknalltsein und die tiefe Liebe in der langen Beziehung eines Paares. Gott zu lieben – das kann bedeuten, ausgeflippt in der Kirche zu jauchzen, aber das *muss* es nicht bedeuten. Die Formen der Liebe zu Gott sind vielfältig. Ein paar Details jedoch sind klar: Liebe sucht immer die Nähe. Wir sind gern mit dem zusammen, den wir lieben. Liebe macht immer Spaß. Was wir lieben, tun wir gern. Liebe braucht immer Zeit. Wir geben unsere Aufmerksamkeit und unsere Aktivität dem, was wir lieben.

Liebe kann von zu vielen Pflichten, Gesetzen, Vorschriften und Aktivitäten zugeschüttet werden. Das ist so bei der Liebe zwischen zwei Menschen, und es gilt für die Liebe zu Gott: Liebe benötigt Stille, Zeit, Muße, Leere. Ich begegne immer mehr Menschen, die davon schwärmen, in einer leeren Kirche zu sitzen. Ich verstehe das so: Sie möchten einen Ort, an dem die Begegnung mit Gott in ihrem Innersten leichter fällt. Wo sie sich darauf verlassen können, dass Stille herrscht, wo die Zeit stehen zu bleiben scheint, wo es keine Pflichten und Aktionen gibt, und wo viel freier Raum ist.

Ich habe mich früher immer wieder einmal dafür geschämt,

dass ich nicht ständig überschäume vor Begeisterung für Gott. Aber dann habe ich gemerkt, dass es bei mir ist wie bei einem wertvollen Schatz, um den lauter Kisten herumstehen. In den Kisten waren die Vorstellungen, wie Glaube und Gottesliebe aussehen sollen, da waren meine Erwartungen drin und die Erwartungen anderer. Und vor lauter Kisten konnte man den Schatz selbst gar nicht mehr sehen.

Zur Liebe zu Gott kann man sich nicht zwingen, und man muss es auch gar nicht. Denn die Liebe zu Gott ist ja das, was wir in unserem Innersten bereits haben. Wenn die äußeren lauten Stimmen verstummen und die Gesetze und die Forderungen, die Ideologien und die Glaubenskämpfe, dann wird der Weg frei zu dieser unendlich mächtigen Energiequelle der Liebe.

Obwohl meine leibliche Schwäche euch ein Anstoß war, habt ihr mich nicht verachtet oder vor mir ausgespuckt, sondern wie einen Engel Gottes habt ihr mich aufgenommen. Ihr hättet, wenn es möglich gewesen wäre, eure Augen ausgerissen und mir gegeben.

Galater 4, 14–15

## Mystiker sind eine Randerscheinung des Glaubens.

## *Nie und nimmer!*

Paulus, der große theologische Denker der jungen christlichen Bewegung, war geschlagen von einer Krankheit, über die wir nichts Genaues wissen. Aus einigen Bemerkungen in seinen Briefen könnte man schließen, dass er blind war oder zumindest stark sehbehindert. Den Brief an die Galater schließt er mit der Bemerkung: »Seht, mit wie großen Buchstaben ich euch schreibe mit eigener Hand!« Im 2. Korintherbrief erzählt er von einem »Pfahl im Fleisch«, den Gott ihm gegeben habe.

Paulus war, so würden wir heute sagen, ein Mystiker. Er hat besondere Gotteserfahrungen gemacht. Mystik kommt von dem griechischen Wort »myein«. Es bedeutet: schließen. Die Augen und die Lippen schließen. Möglicherweise liegt dort bei Paulus der Zusammenhang: Die Begegnung mit Gott findet im Inneren statt. Das Wesentliche ist für die Augen unsichtbar. Das Sinnbild für den Mystiker schlechthin ist der blinde Seher. Die äußeren Augen sind »mystisch«, also geschlossen, sie sehen höchstens nur verschwommen. Die inneren Augen dagegen sind geübt und scharf.

Menschen, die in besonderer Weise die Nähe Gottes erfahren haben, haben häufig zweierlei davon in ihr normales Leben mitgenommen: ein unbeschreibliches Gefühl des Glücks – und eine körperliche Blessur. Als Jakob am Jabbok mit Gott kämpfte und ihm im Morgengrauen den Segen abrang, zog er sich ein Hüftleiden zu. Von vielen

Heiligen wird berichtet, dass sie unter chronischen Schmerzen zu leiden hatten.
Das bedeutet: Wer den unendlichen Gott geschaut hat, ist sich seiner Endlichkeit bewusst. Es ist, als ob sich der Körper erniedrigt, um den unendlichen Abstand zwischen Mensch und Gott noch deutlicher werden zu lassen. Ich glaube sogar, dass sich an dieser Bescheidenheit echte Gottesbegegnungen unterscheiden lassen von den falschen. Wer lautstark angibt mit den außergewöhnlichen Offenbarungen, die ihm widerfahren sind, ist in aller Regel verdächtig. Gut, dass wir Paulus haben. Ein großer Denker mit einem außergewöhnlichen Zugang zum Göttlichen.

Er erleuchte die Augen eures Herzens,
damit ihr versteht, zu welcher Hoffnung ihr
durch ihn berufen seid, welchen Reichtum
die Herrlichkeit seines Erbes den Heiligen
schenkt und wie überragend groß seine Macht
sich an uns, den Gläubigen, erweist
durch das Wirken seiner Kraft und Stärke.

Epheser 1, 18–19

## Nur Gott kann uns so sehen, wie wir wirklich sind.

## Von wegen!

Die Philosophin Edith Stein hat einmal von der »geheiligten Sachlichkeit der Kinder« gesprochen. Sie sehen, was vor Augen ist. Sie sind offen für die Wirklichkeit, auch für die innere Wirklichkeit.

Gehen Sie wieder einmal vor einen Spiegel, einen großen Spiegel, in dem Sie alles sehen können. Aber nicht nur die Falten und Fettpolster, sondern auch Ihr Wesen. Sagen Sie sich: Ich beurteile mich jetzt nicht, sondern schaue einfach an, was da ist. Mit der geheiligten Sachlichkeit des Kindes, aber auch voller Wärme, herzlich. Wenn Ihnen das gelingt, werden Sie entdecken, dass Sie nicht mehr mit *Ihren* Augen, sondern mit Gottes Augen auf sich geblickt haben, mit »erleuchteten Augen«. Ihnen gelingt eine Qualität des Sehen, die der Wirklichkeit auf den Grund geht.

Wo immer Sie der Wirklichkeit und den Bildern so begegnen, wird es Ihnen möglich, durch den Spiegel zu schreiten, durch die Bilder hindurch, durch *alle* Bilder hindurch, auch durch das letzte. Hinter dem Spiegel ist es vollkommen dunkel und zugleich vollkommen hell. Es gibt kein oben und kein unten, keinen bestimmten Ort und keine bestimmte Zeit. Dieses letzte Bild gehört nur mir. Das letzte Bild im tiefsten Inneren meiner Seele bin *ich* – ohne alle Verfälschung, Verstellung, Maskerade, so wie ich gedacht bin, so wie ich entworfen bin nach dem Urbild meiner selbst, nach dem Bild Christi. Nach seinem

Bild bin ich erschaffen. Wenn der Spiegel zerbricht, werde ich »Du« sagen zu dem, der mich anschaut und immer noch kennt – mich, der ich mein Bild vielleicht allzu sehr entstellt habe.

Das Ziel vor Augen,
jage ich nach dem Siegespreis:
der himmlischen Berufung,
die Gott uns in Christus Jesus schenkt …
Unsere Heimat aber ist im Himmel.
Von dorther erwarten wir auch
Jesus Christus, den Herrn, als Retter,
der unseren armseligen Leib
verwandeln wird in die Gestalt
seines verherrlichten Leibes,
in der Kraft, mit der er sich
alles unterwerfen kann.

Philipper 3, 14–21

# Wer im Gefängnis sitzt, ist deprimiert.

## *Nicht immer!*

Paulus saß im Gefängnis, als er um das Jahr 55 seiner Lieblingsgemeinde schrieb, der in der ostmazedonischen Stadt Philippi. Seine Freunde wollten wissen, wie es ihm geht. Paulus schreibt ihnen keine deprimierte Klage. Er reißt die Köpfe und Herzen nach oben. Dorthin, wo er Christus als kosmische Herrschergestalt sieht. Dorthin, wo unsere Heimat sein wird – in der Nähe dieses Herrschers, im Raum seiner Kraft, ob wir nun in Freiheit sind oder in Ketten.

Christus im Himmel, der kosmische Christus, leitet eine Epoche ein, in der die Grenzen fallen. Eine Epoche der Kreativität, in der immer neue Abenteuer gewagt werden, diese Welt zu gestalten. In der sich die göttliche Kraft der Neugestaltung verbindet mit der menschlichen Lust am Mitschaffen. In diesem Christus, der vereinigt ist mit Milliarden von Jahren und in jeder Sekunde gegenwärtig ist, lebt jedoch auch der irdische Jesus, lebt der Mensch. In ihm darf auch ich leben, mich mitfreuen, darf teilhaben am Sieg der Erlösung über die widerständige Welt.

Der kosmische Christus kennt Hunger und Durst, und er kennt die Freuden von Hochzeitsfesten, mit duftendem Braten und kühlem Wein. Er kennt den Gestank der Armen und den Duft von teurem Salböl. Er kennt den Wahnsinn der Besessenen und die Weisheit der Heiligen Schriften. Dieser Christus kennt die Kraft der Meditation beim Sonnenaufgang in der Wüste und in der Todesangst der Nacht. Der kosmische Christus trägt den Glanz der Liebe auf der Stirn und die Wundmale der Folterung an Händen und Füßen. Er ist verbunden mit den verzweifelten Schreien der Vertriebenen und zu Tode Gequälten, er ist eins mit den Entwurzelten und Verstörten. Und mit den Gefangenen.

Er verwandelt die Welt, unsere armseligen Verhältnisse, unseren armseligen Leib. Paulus ist davon fest überzeugt. Für ihn ist das der »Siegespreis«, um den man rennen sollte, als koste es einem das Leben. Als Paulus dies schrieb, war nichts mit Rennen. Er saß fest. Und sah doch alle Türen offen.

Freut euch im Herrn zu jeder Zeit!
Noch einmal sage ich: Freut euch!
Eure Güte werde allen Menschen bekannt.
Der Herr ist nahe.
Sorgt euch um nichts,
sondern bringt in jeder Lage
betend und flehend
eure Bitten mit Dank vor Gott!

Philipper 4, 4–6

## Christen sind immer etwas ernster als Durchschnittsmenschen.

# Vergessen Sie's!

Wenn ich Menschen bitte, mir davon zu erzählen, woran sie sich freuen, dann stöhnen sie manchmal. Ach, sagen sie, von meinem Leben sieht man doch nichts. Ich sitze am Telefon, ich verwalte doch nur, seufzt ein Büroangestellter. Ich putze doch bloß, kümmere mich um die Kinder, sagt eine Hausfrau. Ach ja – es gibt immer einen Grund zum Mäkeln: Unsere Erfolge sind nicht groß genug, unsere Kinder ziemliche Racker, unsere Jobs mies, unsere Häuser reparaturbedürftig, die Äpfel gespritzt, die Bananenpflücker werden zu schlecht bezahlt, die Gurken sind viel zu weit durch die Gegend gefahren worden. Aber ist das nicht eine furchtbar falsche Summe, die wir ziehen?
Wir vergessen, dass es eine Gnade ist, mit diesem oder jenem Menschen unterwegs zu sein, einen Job zu haben, der einen halbwegs ernährt, Blumen riechen zu können, uns am Sonnenlicht zu erfreuen. Bei etwas Nachdenken findet jeder das, wo sein ganz persönlicher Grund zur Freude liegt, wofür *er* danke sagen muss, und ist überrascht und froh darüber. Ein Versicherungskaufmann hat einmal von einem Kunden ein Dankschreiben bekommen. Bei einem Wasserschaden hatte der fast alles verloren, aber durch die Versicherung konnte er wieder neu anfangen. Diesen Brief hat der Kaufmann aufgehoben, und manchmal erinnert der ihn daran, dass hinter den ganzen Zahlenkolonnen auf seinem Schreibtisch Menschen stecken, Schicksale und Hoffnungen.

»Sorgt euch um nichts!«. Wie macht man das? Indem man feiert. Wer sein Leben, seine Erfolge nicht feiert, verlernt das Danken. Den drücken die Sorgen unters Wasser. Dank muss man feiern, denn das Feiern reicht tiefer als unser Tun. Feiern Sie hin und wieder einmal ein Fest, ganz spontan, einfach so! Weil es Ihnen gutgeht. Weil Sie Freunde haben. Weil Sie noch einmal davongekommen sind. Und wenn links und rechts neben Ihnen die Welt versinkt – machen Sie eine Flasche Wein auf (oder was immer für Sie ein gutes Symbol für Glück ist), freuen Sie sich und danken Sie dem lieben Gott für all den Reichtum, den Sie empfangen haben.

Jagt allezeit dem Guten nach –
untereinander und gegen jedermann.
Seid allezeit fröhlich. Betet ohne Unterlass.
Seid dankbar in allen Dingen. Denn das ist
der Wille Gottes in Christus Jesus an euch.

1. Thessalonicher 5, 15–18

## Bei so viel Ungerechtigkeit in der Welt kann man doch nicht dankbar sein.

## Oh doch!

Auf der Gebetswand in einer Kirche habe ich einmal den Satz gelesen: »Ich danke, also bin ich.« Das Schönste im Leben ist, sich einem anderen zu verdanken. Dankbar zu sein heißt, das Woher zu wissen: »Sieh nicht auf die Gabe, sondern auf die Hand«, lautet ein kluges deutsches Sprichwort.

Dankbar zu sein ist jedoch ins Gerede gekommen. Eine wachsende Zahl von Menschen lebt von Hartz IV, von staatlicher Unterstützung. Wir sind eine Gemeinschaft, die füreinander sorgt. Wir haben ein Sozialsystem, um das uns viele andere Länder beneiden. Natürlich, es wird von einem komplizierten, fehlerintensiven bürokratischen System verwaltet, aber die Grundidee ist doch: Hier soll niemand hungern. Niemand soll vergessen werden. Niemand soll in Slums wohnen. In unserem Land soll es keine Gegenden geben, deren Bewohner vom Staat aufgegeben werden.

Ohne einen Funken Dankbarkeit für das, was wir in diesem Land erreicht haben, ist Politik unerträglich. Dankbarkeit ist erstaunlich unabhängig von den materiellen Umständen, in denen jemand lebt. Ich kenne einen Griechen, der als kleines Kind nach Deutschland kam. Er war Halbwaise und hatte extrem deformierte O-Beine. Deutsche zahlten seine Operation. Inzwischen ist er längst im Ruhestandsalter und arbeitet als Taxifahrer in einer deutschen Großstadt. Sehr weit gekommen auf der sozialen

Leiter ist er nicht. Aber er zeigt gern seinen Fahrgästen die Vorher-nachher-Fotos aus seiner Kindheit. Er ist immer noch erfüllt von der Dankbarkeit über das Wunder, das die Chirurgen an ihm vollbracht haben, und über das Land, das ihm das möglich machte.

Mit Dankbarkeit kann ein Leben gelingen – sogar rückwirkend! Das ist eins der wunderbarsten Geheimnisse des Dankens. Ich habe erlebt, wie Menschen mit fortschreitendem Alter ihr Leben anders sehen konnten. Sie konnten die endlosen Vorwürfe gegen ihre Eltern fallenlassen. Die Vorwürfe gegen sich selbst, gegen den Staat, die Vorwürfe gegen Gott. All die Last fiel von ihnen ab, und es blieb nur ein leises, manchmal stummes: danke. So wie es ist, ist es gut. Neue Dimensionen taten sich auf: Auf eine tiefe Art allezeit fröhlich zu sein. Auf eine wortlose Weise ohne Unterlass zu beten. Dankbar zu sein in allen Dingen. Aus dem mühsamen Kampf wurde ein anmutiges Geben und Nehmen im Tanz des Lebens.

Prüfet alles!
Das Gute aber behaltet!

1. Thessalonicher 5, 21

## Man sollte das Materielle verachten.

## Bitte nicht!

Unsere stein- und bronzezeitlichen Vorfahren besaßen nur eine Handvoll Sachen. Ganz allmählich wurden es mehr. Ein paar hundert Dinge im Mittelalter, zu Beginn der Neuzeit vielleicht zwei-, dreitausend. Erst in den letzten zwei bis drei Generationen ist die Zahl der Gegenstände in einem Haushalt auf weit über 10 000 Dinge angewachsen. Nur die wenigsten Menschen haben eine natürliche Begabung, mit solchen Mengen fertigzuwerden. Ich treffe immer mehr, die im täglichen Kampf mit den Sachen des Alltags kapituliert haben.

Wir sind an eine Grenze gekommen. Als einziger Ausweg bleibt, die Zahl der Dinge zu verringern und die erforderlichen Fähigkeiten zu erlernen, mit den Dingen richtig umzugehen. Wie geht das? Es kann nur gelingen, denke ich, wenn wir einen besonderen Umgang mit den Dingen entwickeln. Wenn wir den Wert der Dinge sehen lernen. Benedikt von Nursia, der Gründer des Benediktinerordens, gab folgende Anweisung: »Betrachte alle Geräte und den ganzen Besitz des Klosters als heiliges Altargerät.« Ich habe immer wieder gestaunt, wie sich weise Männer und Frauen, Heilige und spirituell lebende Menschen, stundenlang auslassen können über die Schönheit einer Teekanne oder die Farbe eines Baumwolltuchs. Die wirklich großen Lehrerinnen und Lehrer sprechen nie verächtlich über die Dinge. Ja, vielleicht kann man daran sogar die großen von den kleineren Lehrern unterscheiden.

Auf jedem Ding, das wir anschaffen oder erhalten, ruht eine Verheißung, eine kleine oder große Hoffnung: dass dieses Ding uns entlasten oder erfreuen könne, dass es uns beim Leben helfe. Häufig trügt diese Hoffnung. Das Ding erweist sich als sehr normal, als sehr begrenzt. Bewusstes, betrachtendes, kontemplatives Leben macht sich diese Hoffnung nicht. Es sieht durch das Ding hindurch. Daher: Trennen Sie sich von vielen Dingen. Schauen Sie, was Sie behalten haben, liebevoll an. Gehen Sie aufmerksam damit um. Dann werden Sie auch die feinen Botschaften der Dinge wieder verstehen.

Und ich sah einen neuen Himmel und eine neue Erde; denn der erste Himmel und die erste Erde sind vergangen, und das Meer ist nicht mehr.
Und ich sah die heilige Stadt, das neue Jerusalem, von Gott aus dem Himmel herabkommen, bereitet wie eine geschmückte Braut für ihren Mann. Und ich hörte eine große Stimme vom Thron her,
die sprach: Siehe da, die Hütte Gottes bei den Menschen! Und Gott wird abwischen alle Tränen, und der Tod wird nicht mehr sein, und weder Leid noch Geschrei, noch Schmerz, denn das Erste ist vergangen. Und der auf dem Thron saß, sprach: Siehe, ich mache alles neu!

Offenbarung 21, 1–5

## Gott bleibt, wie er ist.

## *Nein, auch er nicht!*

Die Israeliten waren ein lockerer Verbund von Kleinviehnomaden. Mit ihren Herden zogen sie durch das Niemandsland dünn besiedelter Gebiete. Sie lebten mit dem Kreislauf der Jahreszeiten, mit der Geburt und dem Tod ihrer Tiere, mit der Geburt und dem Tod ihrer Menschen. Doch dann taucht etwas ganz Neues auf: eine Verheißung. Einer hat eine Vision.

Gott spricht zu Abraham: Geh heraus aus dem Land deiner Väter, wo du bisher immer warst. Mach dich auf in ein neues Land, das ich dir zeigen will. Gott zeigt ihm den nächtlichen Himmel: Zähle die Sterne. Kannst du sie zählen? So zahlreich sollen deine Nachkommen sein! Damit beginnt eine Revolution des Denkens und Lebens, die das Volk Israel bis in jedes einzelne Gebet zu Gott geprägt hat: Hinter uns das verlassene, vor uns das gelobte Land. Diese Dynamik erlebt das Volk Israel immer wieder. Und immer, immer, immer haben die Menschen dagegen gemurrt und protestiert. Wir wollen zurück! Denn sie sehen vor allem voller Entsetzen: Das Alte geht kaputt.

Es gibt ein paar Szenen in der Bibel, die sehe ich vor mir wie einen Film. Eine davon ist die, als Jesus nach seinem Einzug in Jerusalem über die Stadt weint. Ich sehe ihn vor mir, wie er sich am Abend an eine Mauer des Tempels lehnt. Die Steine sind noch warm von der Hitze des Tages. Gewaltige Quader, Inbegriff des jüdischen Nationalgefühls. Das ist ihr Tempel, hier ist das Zentrum. Dreimal wurde dieser Tempel gebaut, und nie war der neue Tempel ein Nachbau des alten. Da hat Jesus eine Vision. Er sieht, was in gut 30 Jahren passieren wird: Die Römer werden diesen Tempel zerstören, sie werden die ganze Stadt schleifen, keinen Stein auf dem anderen lassen und jede Erinnerung an sie tilgen. Nie wieder wird hier ein vierter Tempel gebaut werden. Jesus weint. Wenige Tage danach wird er zum Tod verurteilt und hingerichtet. Das Bisherige löst sich auf, eine neue Gestalt ist nicht in Sicht. Aber einen anderen Weg gibt es nicht. Zum Neuen gibt es keine Abkürzung.

Am Ende der Bibel steht ein großer Blick in die Zukunft, die Offenbarung des Johannes. Sie schließt mit einer gewaltigen Vision vom neuen Jerusalem. Nicht eine paradiesische Gartenlandschaft, sondern eine Stadt. Die Werke der Menschen und die Werke Gottes vereinigen sich zu einer Über-Stadt im Himmel, aus Gold und Edelsteinen, die alle Vorstellungen übersteigt. Ja, nicht nur diese Stadt wird anders. Alles wird verwandelt in einer ganz großen Transformation. Das ist die Grundrichtung unseres Glaubens: Er überschreitet, was ist. Er erträgt das offene Ende und schöpft daraus seine Kraft, Menschen, Herzen, Gemeinschaften, Nationen, Staatswesen immer und immer wieder zu verwandeln.

Der dies bezeugt, spricht:
Ja, ich komme bald!
Amen!
Komm, Herr Jesus!
Die Gnade des
Herrn Jesus Christus
sei mit allen Heiligen!
Amen!

Offenbarung 22, 20

## Jesus kommt am Ende der Zeit wieder.

# Nicht wirklich!

Obwohl das Neue Testament durchgängig in Griechisch geschrieben ist, haben sich einige geheimnisvolle Einsprengsel in der Muttersprache Jesu erhalten, dem Aramäischen, so auch das Wort »maranatá« (bitte auf der letzten Silbe betonen!), was so viel heißt wie: Komm, Herr Jesus! Die Erklärung dafür ist ganz einfach: der Ruf »Maranatá!« ist seit frühesten Zeiten ein Bestandteil der christlichen Zusammenkünfte gewesen. Die ersten Christen glaubten, dass ihr Herr praktisch jeden Moment in Macht und Herrlichkeit wiederkommen könnte. Deshalb ihr sehnsüchtiger Seufzer: Komm!

Dieser Seufzer beendet nicht nur das Sendschreiben »Die Offenbarung des Johannes«; er beendet auch die Bibel, dieses mächtige Buch, das mit den Worten beginnt: »Im Anfang schuf Gott den Himmel und die Erde« (Gen 1,1). Der vorletzte Vers der Bibel besteht aus zwei Teilen. Den zweiten kennen wir, den Ruf: »Ja, komm Herr Jesus!« Er ist die Antwort auf einen Satz, den Jesus selbst sagt: »Ja, ich komme bald.« Und wie wird das sein, wenn er kommt? »Er wird jede Träne wegwischen von ihren Augen; der Tod wird nicht mehr sein, und nicht Trauer und Klage und Mühsal; denn das Frühere ist vergangen« (Offenbarung 21, 4).

Christsein ist auch dies: Wenn wir *alles* getan haben: die Hungernden gespeist, die Kranken besucht, die Traurigen getröstet, wenn wir uns aufgerieben haben und müde sind

und es wieder nur ein Tropfen auf den heißen Stein war – dann wird am Ende ein anderer kommen und das Werk vollenden, das über unsere Kraft ging. Darum dürfen wir nicht nur am Ende unseres Lebens, sondern praktisch jeden Abend sagen: Komm, Herr Jesus!

# Inhalt